Helmut Gollwitzer,
Ich frage nach dem Sinn des Lebens

Helmut Gollwitzer

Ich frage
nach dem Sinn des Lebens

Chr. Kaiser

CIP-Kurztitelaufnahme der Deutschen Bibliothek

Gollwitzer, Helmut:
Ich frage nach dem Sinn des Lebens / Helmut Goll-
witzer. – 7. Auflage. – München: Kaiser, 1987.
  (Kaiser-Traktate; N.F., 14)
  ISSN 0931-7732
  ISBN 3-459-01696-5
NE: GT

© 1974 Chr. Kaiser Verlag München.
Alle Rechte vorbehalten, auch die des auszugsweisen
Nachdrucks, der fotomechanischen Wiedergabe und der
Übersetzung.
Umschlag: Ingeborg Geith, München.
Satz: Georg Wagner, Nördlingen.
Druck u. Bindung: Clausen & Bosse, Leck.
Printed in Germany.

INHALT

I. Wie kann ich leben?

Ein junger Mann – so war vor einiger Zeit in Zeitungen zu lesen – kommt auf einen Platz inmitten Londons, er bringt einen Kanister Benzin mit, übergießt sich und verbrennt sich. Man findet einen Zettel bei ihm, auf dem steht, er habe keine Lust mehr. Es sei doch alles sinnlos.
Das ist vor einigen Monaten geschehen, das kann sich wiederholen, das wiederholt sich täglich in unauffälligeren Formen, etwa wo einer ausflippt und sich durch Fixen eine kurze Zeit der Sensationen verschafft, bevor er auf dem Müllhaufen endet, auf dem – so meint er – über kurz oder lang ohnehin alles verkommt. Es wiederholt sich z. B. auch da, wo einer den Protest und den Kampf um die Veränderung miserabler Zustände aufgibt und sich integrieren läßt ins sinnlose Karussell des Tanzes ums Goldene Kalb, um Profit und Beförderung.
Oder hat ers eher besser erfaßt, der junge Selbstverbrenner von London? Er gibt auf, er will aber auch nicht mehr weiter mitmachen, was alle machen, keinen Augenblick mehr das sinnlose Dahintreiben, wenn nicht einer ihm sagen kann, wozu. Wozu? Wie kann ich leben ohne sinnvolles und also sinngebendes Wozu?
Was sagen wir, neben ihm stehend und ihm den Kanister gerade noch rechtzeitig aus der Hand reißend? Wir verurteilen ihn zum Weiterleben. Dürfen wir das, ohne ihm seine Frage zu beantworten? Wir schreien ihn an: »Mensch, du bist jung und kräftig, nicht gefesselt ans Krankenlager, nicht eingesperrt hinter Gefängnismauern, mit vielen Möglichkeiten vor dir! Gib noch nicht auf!« Aber er greift wieder nach dem Kanister und will sich nicht zum Leben überreden lassen, solange einer

ihm nicht unter den vor ihm liegenden Möglichkeiten die *eine* Möglichkeit zeigt: die Möglichkeit eines sinnvollen, also eines erfüllten Lebens – eines Lebens, das die Opfer lohnt, das zu führen uns glücklich macht, auf das wir eines Tages mit Dank zurücksehen können.

Es gibt Institutionen in der menschlichen Kultur, die haben dem Einzelleben Sinn oder mindestens einen Anschein von Sinn verliehen. Vor 40 Jahren gab es HJ-Lager mit großen Transparenten: »Wir sind geboren, für Deutschland zu leben!« Auf einigen stand es noch etwas brutaler: »Wir sind geboren, für Deutschland zu sterben!« Vaterland und Staat waren sinngebende Institutionen. Das gibt es auch heute noch: Wo einer beim Vietkong gegen ausländische Imperialisten kämpft, wo einer in Israel für die neugewonnene Heimat kämpft, da scheint die nationale Gemeinschaft noch sinngebend zu funktionieren. Wir könnten das bei uns heute nicht mehr sagen. Kein Abiturient wäre einverstanden damit: Wir sind geboren, für Deutschland zu leben oder für Deutschland zu sterben. Es gibt also Institutionen, von denen nichts Sinngebendes mehr ausgeht.

Junge Paare fragen: Warum sollen wir Kinder in diese Welt setzen? Es erscheint ihnen nicht mehr sinnvoll, in dieser Welt das menschliche Leben fortzupflanzen. Oder was antworten Eltern heute Kindern auf die Frage, weshalb sie eigentlich in die Schule gehen sollen? Noch dazu in so miserable Schulen, wie wir sie weithin noch haben. Die Antworten, auf die sich die Eltern zurückziehen und fast nur zurückziehen können, sind dann ganz typisch, nämlich: Damit du später mal nicht verhungerst und damit du nicht untenbleiben mußt. Das heißt, wir appellieren ans einfache Kleben am Leben und an den Drang, nach oben zu kommen, mit Todesdrohungen: du wirst sonst verhungern. Damit und mit Aufstiegslockung bringen wir die jungen Menschen dazu, daß sie die Frage nach einem sinnvollen Leben, infolgedessen z. B. auch einer sinnvollen Bildung – das ist der Kern des ganzen heutigen Bildungsproblems – an den Nagel hängen und statt sich bilden zu lassen sich ausbilden lassen, um mitzumachen in einem Betrieb, in dem Leben soviel heißt wie: nicht verhungern und nicht unten bleiben, mehr verdienen.

Darum haben all diese Institutionen einen unvermeidlichen Schwund an Legitimation. Der Staat, die Bundeswehr, die Schule, die Eltern – man kann das noch so sehr beklagen – sie können nicht mehr sagen, wofür man eigentlich schuften und sich opfern oder verzichten soll, wofür man leben kann. Wozu soll das gut sein, mein Leben lang am Schalter zu stehen oder Sekretärin zu sein oder auch mich als Manager abzuhetzen, wofür ist das gut? Natürlich hängt das mit der gesamtgesellschaftlichen Lage zusammen. Eine Gesellschaft, in der die Produktion, das Wachstum der Produktion zum Selbstzweck geworden ist und nicht dienend abzielt auf die Entfaltung des Lebens der Menschen, eine Gesellschaft, in der Leben der Menschen zum Dienst am Selbstzweck der Produktion geworden ist. Eine Gesellschaft also, die keine Ziele hat und keinen Sinn anzubieten hat.

Frage: Kann man in sinnlosen Verhältnissen sinnvoll leben? Und gehört zum sinnvollen Leben in sinnlosen Verhältnissen der Kampf um sinnvolle Verhältnisse? Das bedarf einer Vorfrage, nämlich, was heißt überhaupt: sinnvoll leben?

Noch mal zurück zu dem jungen Mann, der so scharf die Fragen durchschaut und gestellt hat ,die ich jetzt nur etwas entfaltet habe. Die beste Hilfe, scheint mir, würde ihm derjenige bringen, der ihm nicht nur sein Todeswerkzeug wegreißt, sondern ihn an die Hand nimmt und ihm sagt: »Komm bitte mit, ich brauche dich notwendig, ganz notwendig.« Er wehrt sich noch und sagt: »Laß mich verrecken und laß die auch verrecken, denen ich helfen soll, zu denen du mich schleppen willst. Das hat alles keinen Sinn.« Dann aber sagt der, der da helfen will: »Komm mit, du wirst sehen, daß es sich lohnt, dort, wo ich dich hinführe, zu helfen; du wirst sehen, daß man die nicht verrecken lassen kann. Du bist nötig dazu. Du kannst was dazu tun. Du wirst es sehr bereuen, wenn du jetzt nicht mitkommst.« Und er führt ihn – etwa 1943 statt 1973 – in seine Wohnung und sagt: »Ich brauche deine Wohnung, um Juden untertauchen zu lassen; dazu brauche ich dich.« Oder er führt ihn heute in ein Spastiker-Zentrum und läßt ihn ein Kind sehen, das gerade dabei ist, Lebenslust zu entdekken, weil es zum ersten Mal fertigbringt, mit den zwei Fingern, die es bewegen kann, ein paar Figuren zu modellieren. »Sie haben zu wenig Personal, komm, hilf uns!« Er bringt ihn in ein Obdachlosen-Slum, wo auch zu wenige da sind, die den Leuten helfen, sich endlich mal selber zu organisieren und ihre Interessen zu vertreten. Er bringt ihn in ein Flüchtlingslager von südafrikanischen Flüchtlingen in Sambia, die dort aus apathischem Dahinvegetieren zu Gruppen sich bilden, um später der schwarzen Freiheit in Südafrika zu dienen. Er bringt ihn an die chilenisch-argentinische Grenze, um zu helfen bei der Flucht von Menschen, die vor faschistischen Mördern auf der Flucht sind.

Mancher wird sagen: Jetzt erzählst du wieder Extrem-Situationen! Aber an denen ist zu sehen: Leben, das für mich sinnlos war, ist für andere deswegen, weil es für mich sinnlos ist, keineswegs sinnlos. Für andere ist das Leben voll Hoffnung. Und diese Hoffnung ist ihnen bedroht. Ich kann helfen, daß anderen die Hoffnung des Lebens nicht genommen wird. Ich kann für die Hoffnung anderer da sein, und ich werde gebraucht. Und das macht mein mir bisher wertloses Leben wertvoll. Weil mein Leben für andere wichtig ist, darum wird jetzt auch für mich wichtig. Wogegen, als es bisher nur für mich allein wichtig war, es dadurch immer schaler, leerer und unwichtiger geworden ist, und ich zuletzt sagte: Es hat keinen Sinn, ich habe keine Lust mehr.

Was ich bisher gesagt habe, ist – wenn sie darüber nachdenken – den meisten nicht so unbekannt. Es ist unge-
fähr der Inhalt dessen, was wir von Jesus hören. Wir
kennen aus den Evangelien diese Szenen, in denen der
Ruf Jesu einen Menschen trifft: Folge mir nach!

Was enthält der Ruf eigentlich? Genau doch, was ich
gerade in der Szene etwas dramatisch vorgemalt habe:
Ich brauche dich, anderen Menschen zum Leben zu helfen. Denn wenn Jesus vom Reich Gottes spricht, dann
heißt das einfach: das wirkliche, volle, erfüllte, sich loh-
nende Leben, das wir niemals bereuen, für das wir immer dankbar sind. Komm, ich brauche dich, anderen
Menschen zum Leben zu helfen, bitte hilf mir! Jünger
Jesu sein heißt dann: gebraucht werden und sich gebrau-
chen lassen – dazu, daß andere Menschen zum Leben
kommen.

Ich erinnere an die Geschichte vom Barmherzigen Sama-
riter (Lukas 10), deren Einleitung darin besteht, daß
jemand zu Jesus kommt und fragt: Was soll ich tun, um
ewiges Leben zu erwerben – das heißt, was soll ich tun,
damit mein Leben schlechthin sinnvoll wird? Jesus ant-
wortet aus der alten jüdischen Überlieferung: Liebe
Gott und liebe deinen Nächsten! Was in unserer Sprache
einfach heißt: Laß dich von Gott, der dich bittet, ge-
brauchen und hilf ihm bei seiner Arbeit, anderen Menschen zum Leben zu verhelfen. Zu dem vollen Leben,
das du für dich selbst wünschst und bei dir selbst ver-
missest. Der Blick wird auf einmal von der Sinnlosigkeit
meines Lebens weggerichtet auf den Sinn, den Wert, die
Wichtigkeit des Lebens anderer.

Der Ruf Jesu (in der Zusammenfassung der Evangeli-
sten) heißt in der deutschen Übersetzung: »Tut Buße;
denn das Reich Gottes ist nahe herbeigekommen.« Besser übersetzt lautet er nicht: Tut Buße, sondern: Denkt
um und kehrt um! Und dies bedeutet also: Während ich
bisher für mich selbst gelebt habe, wodurch mein Leben
sinnlos wurde, jetzt in der Hinwendung zu Gottes Ar-

beit an den anderen Menschen zum Wertvoll-und-hoff-nungsvoll-werden des Lebens anderer Menschen mithel-fen. Erfülltes Leben ist also ein Leben, das nicht um sich selbst kreist, das in offenen Beziehungen zu den anderen gelebt wird, das sich von anderem Leben in Anspruch nehmen läßt, das Liebe gibt – das Zentralwort des Neuen Testamentes –, das geliebt wird, weil es Liebe gibt.

Dazu muß man frei sein. Ich bin aber nicht dazu frei. Ich kann nicht an die chilenische Grenze gehen und nicht nach Sambia, ich kann nicht einmal in den nächsten Obdachlosen-Slum gehen, ich bin besetzt, ich muß für mich selbst sorgen, ich bin im Zwang der Erwerbsgesell-schaft. Es hätte ja auch keinen Sinn, anderen Leuten zur Last zu fallen. Ergo muß ich selber arbeiten, ich komme abends ausgelaugt nach Hause, bin ein Rädchen im Ge-triebe, ich kann nicht anderen helfen.

Dafür muß man frei sein, nämlich auch innerlich von sich selbst. Ich bin in unserer Sozialisation, Erziehung, Schule, Berufsausbildung darauf trainiert, für mich selbst zu sorgen, im Wettbewerb vorn dran zu sein, um nicht abgeschaltet zu werden. Ich bin zum Egoismus er-zogen, und davon kann ich mich nicht von heute auf morgen freimachen.

Dafür muß man gebraucht werden, ich aber bin un-brauchbar, bin sehr unbegabt, ein kümmerliches Mauer-blümchen, die Leute haben nichts von mir, oder ich bin alt, ich bin kontaktarm, ich bin krank, mich kann keiner brauchen. Die Botschaft Jesu – und das Sein Jesu, von dem das Evangelium handelt – heißt Frohe Botschaft, d. h. frohmachende Zusagen für lauter Leute, die solche Fragen und solche Unfreiheiten haben. Dieses Evange-lium besteht aus lauter ganz fragwürdigen Behauptun-gen.

1. *Jeder! Jeder Mensch ist zu einem erfüllten, sich loh-nenden Leben bestimmt.* Das behauptet diese Botschaft

so einschränkungslos, daß wir staunen – erst recht heute, in der Zeit der Bevölkerungsexplosion, vor uns das millionenfache Gewimmel hungernder, arbeitsloser, überflüssiger Menschen, nach denen kein Hahn kräht und für die nicht die geringste Aussicht auf ein erfülltes Leben zu bestehen scheint. Vielleicht werde ich aufmerksamer, erwartungsvoller, wenn jenes »Jeder« persönlich formuliert wird, so daß ich nicht mehr theoretisch darüber diskutieren kann, wenn also zu mir und zu jenem jungen Manne gesagt wird: *Du bist zu einem erfüllten, sich lohnenden Leben bestimmt;* es kann heute noch anfangen. Das ist ein Versprechen, eine Verheißung. Sie tritt in einen Kampf ein – sowohl mit allen allgemeinen Sinnlosigkeitstheorien als auch mit meiner persönlichen Verzweiflung am Leben. Der Beschaffenheit der Welt wie den spezifischen Umständen meines Lebens wird die Macht bestritten, mich vom wirklichen, vom erfüllten Leben abschneiden zu können. Über der Beschaffenheit der Welt, über diesen spezifischen Lebensumständen wird ein anderer Wille angekündigt. Der kümmert sich um mein Leben; der hat sich von Anfang an mit ihm verbündet; der will dieses so aussichtslos scheinende Leben voranbringen zu einem Leben, das sich lohnt.
Das hat unvermeidlich einen Wirbel von Fragen zur Folge: Wer steht hinter diesem Versprechen, wer ist der Versprechende? Und: Können wir uns auf dieses Versprechen verlassen? Und: Wie sieht die Erfüllung aus? Und: Was tut er dazu, damit diese Bestimmung meines Lebens Wirklichkeit wird? Welche Macht hat er dazu, wie hilft er mir? Und: Was kann und soll ich selbst dazu tun? So ist die Frage nach der Aussicht meines Lebens sofort unlöslich verbunden mit der Frage nach der Wirklichkeit Gottes, dieses Gottes, dessen Versprechen im Evangelium zu mir kommt.

2. Angenommen, wir kehren uns nicht ab davon – angenommen, wir probieren es damit, wir lassen uns dar-

auf ein, wir probieren, wie es zugeht, wenn man dieses Versprechen ernstnimmt und sich darauf verläßt – angenommen also, wir probieren es mit dem *Glauben* – wie geht es dann weiter? Lassen wir uns die Intention dieser Verheißung auslegen von den Erzählungen und Lebensbetrachtungen, von denen diejenige Schriftensammlung voll ist, die diese Verheißung ein für allemal proklamiert, nämlich die Bibel, dann wird rasch klar: die Intention ist nicht Beruhigung, sondern Mobilisierung. Beruhigt wird wohl, aber im Dienste der Mobilisierung. Das heißt: die quälende Sinnfrage wird durch die Verheißung zum Frieden gebracht, nicht damit ich mich in diesem Frieden aale, beatus possidens (glücklicher Besitzer) inmitten einer verzweifelnden Welt, sondern damit ich in Bewegung komme und es als sinnvoll erkenne, mich in Bewegung zu setzen. Getröstet wird nicht zum Einschlafen, sondern zum Aufwachen und zum Tun. Es ist eine gerichtete Bewegung: weg von mir, hinaus aus der Kreisbewegung, in deren Mittelpunkt ich selbst stehe, hinaus und hinüber zu den anderen Menschen. Es sitzt einer im Altersheim und klagt, wie sinnlos sein Leben geworden sei, und im Zimmer nebenan wartet ein Nachbar, der nicht mehr lesen kann, daß einer ihm vorliest. Es verbrennt sich einer auf einem Platz in London und weint, weil alles sinnlos sei, und um ihn herum warten Unzählige, daß sich jemand um sie kümmert, karitativ und politisch. Nur andere Menschen können mein Leben erfüllen; hat es nur mich selbst zum Inhalt, so bleibt es leer.

Kurz: Erfülltes Leben gibt es nur in Beziehungen der Liebe. Suche ich Sinn, so muß ich Liebe suchen. Suche ich Liebe, so muß ich Liebe geben. Wie werde ich fähig, Liebe zu geben? Jenes Versprechen, ich sei zum erfüllten Leben bestimmt, ist ein Liebesversprechen. Es sagt: Ich werde geliebt, auch wenn ich keinen Menschen habe, der mich liebt. Es sagt: Wenn du dich auf dieses Versprechen verläßt, wirst du fähig werden zu lieben und dadurch Menschen finden, die dich lieben. In Begriffen ausgedrückt: Der Glaube ist der sinngebende Grund der Liebe; die Liebe ist der sinnvolle Inhalt des Glaubens.

3. Gegenargument: Hier wird getan, als sei ich frei – frei zu den anderen hin, frei, mich zu bewegen. Das ist Illusion. Ich bin festgelegt von Anfang an: durch Sozialisation ein Produkt meiner Umwelt, durch Vererbung ein Produkt der Natur. Ich werde ständig festgelegt durch soziale Verhältnisse, die über mich bestimmen: kleines Rädchen in der Gesellschaftsmaschine. Erwerbs- und Leistungszwang, Schicksalsfügungen, dazu täglicher Leerlauf, Krankheit, Minderwertigkeitsgefühle, Neurosen, Altern. Ich lebe nicht, ich werde gelebt. Vielleicht ein paar erfüllte Augenblicke, rasch vorüber, aber kein erfülltes Leben.

Die Verheißung ist ein Versprechen des Beistandes und damit ein Versprechen der Erweiterung unseres Spielraums, der Erweiterung unserer Freiheit. Sie macht uns aufmerksam auf Bewegungsmöglichkeiten nach eigener Selbstbestimmung, auch in schlimmen Zwangsverhältnissen. Lassen wir uns das sagen, dann wird sich bestätigen: Wir sind reicher und freier, als wir meinten. Wir können aus unseren Verhältnissen und inmitten der Zwänge mehr machen, als es von außen scheint: uns so oder so zu unserem Nebenmenschen einstellen, der im gleichen Zwange steht, mit Glauben und Liebe und Hoffnung auch die Unfreiheit von Krankenbett, Gefängniszelle und Alltagslast erfüllen, dafür um Kraft bitten, nicht mitmachen, was alle machen, dem Unterdrückungsmechanismus entgegenstehen, an Bewegungen der Befreiung teilnehmen, mitmenschlich und politisch werden. Freiheit mitten im Zwang ist keine Utopie, keine Trostideologie, ist die täglich neue Möglichkeit.

4. *Ich kann nur leben, wenn wir alle leben.* Für engere Bereiche haben die Menschen das von jeher erkannt: ich

kann nur leben, wenn mein Lebensbereich lebt: meine Familie, mein Stamm, mein Volk. Heute gilt: ich kann nur leben, wenn die Menschheit überlebt. Ich kann menschenwürdig nur leben, wenn alle Menschen menschenwürdig leben. Ich kann nur leben, wenn auch die Erde lebt, wenn auch Pflanzen und Tiere leben. Die Bestimmung zum sinnvollen Leben gilt ja, wie wir hörten, nicht nur mir allein, sondern jedem Menschen. So schiebt sie mir die Aufgabe zu: Was kann ich tun im Blick auf die vielen, die durch äußere und innere Bedingungen ausgeschlossen zu sein scheinen vom sinnvollen Leben? Die heutigen Bedrohungen der Menschheit, die heutigen Unterdrückungen unzähliger Menschen machen unser Leben nicht sinnlos, sondern geben ihm im Gegenteil die Chance sinnvoller Aufgaben.

5. Gerade diese Aufgaben aber sind unermeßlich; wir können an ihnen scheitern. Krankheit, Schicksalsschläge, Altern, Tod streichen durch, was wir unternahmen. Unser Leben bleibt Fragment, noch dazu von Fehlern durchzogen. Kann fehlerhaftes Fragment »sinnvoll« und »erfüllt« genannt werden? *Das Versprechen erfüllten Lebens reicht über unser hiesiges Fragment hinaus; was an Erfüllung hier schon erfahren wird, ist ein Hoffnungszeichen für künftige endgültige Erfüllung.* Es ist eine Ermunterung fürs Hoffen. Was aber darf ich hoffen, was kann der Inhalt meines Hoffens sein?

II. Was darf ich hoffen?

Paul Claudel, der große katholische Dichter Frankreichs, hat vor Jahrzehnten geschrieben, über der heutigen Menschheit liege eine lähmende Resignation. Und das sei die eigentliche Fremdheit des Christentums in der heutigen Zeit, weil das Christentum eine Hoffungsbotschaft ist, die dieser Resignation entgegensteht und für die Resignation etwas ganz Fremdes ist.

Überall kommt Hoffnungslosigkeit zum Vorschein, man braucht nur ein bißchen zu bohren. Die westliche Gesellschaft ist ihrem Wesen nach eine hoffnungslose, weil ziellose, ohne gemeinsames Ziel, nur das private Profitziel als Motor. In der östlichen Gesellschaft plakatiert man eine offiziell verordnete Hoffnung, ererbt aus der alten Arbeiterbewegung und dem alten Fortschrittsglauben, aber Motor ist sie kaum mehr, und wenn man ein wenig kratzt, kommt bei vielen die gleiche Hoffnungslosigkeit zum Vorschein wie im Westen.

Oder genauer gesagt: es ist ein Kampf zwischen schwachen Hoffnungen und starker Hoffnungslosigkeit, und diese ist stark wegen der stärkeren Argumente.

Argument einer gründlichen Hoffnungslosigkeit ist unser Sterbenmüssen, der Tod. Er streicht alles durch, was wir aufgebaut haben, er trennt uns von unseren Werken, er verurteilt auch unsere Werke zum Vergehen, er kürzt die Zeit ab, in der noch irgend etwas verwirklicht werden könnte von dem, was bisher uns noch nicht gelungen oder nicht geschenkt worden ist.

Das nächst starke Argument der Hoffnungslosigkeit ist das ganze Ausmaß von Dummheit und Bosheit und Unverträglichkeit und Eigensucht und Unvernunft, von dem die Menschheit voll ist. Ein paar Fortschritte und dann wieder Rückschläge. Der Fortschrittsglaube des 19. Jahrhunderts war, daß – wie Georg Lukacs einmal gesagt hat – zwar vielleicht die Lebensgeschichte der einzelnen immer wieder zu allen Zeiten tragisch bleibt, aber die Lebensgeschichte der Menschheit keine Tragödie ist, sondern auf ein gutes Ziel zugeht. Ich denke, daß an die Stelle dieses Optimismus heute eher die Befürchtung getreten ist, daß die Menschheit einem Untergang entgegentaumelt, der nicht rechtzeitig aufgehalten werden wird. Der Eindruck von der Übermacht des Negativen unterminiert unseren Mut zur Hoffnung.

Der Zustand ist gefährlich. Leben heißt Hoffen. Jeder Atemzug ist ein Hoffnungsakt. Denn in jedem Atemzug geht es um den nächsten Augenblick, um die nächste Zukunft. Wer nicht mehr hofft, geht bald ein. Wenn die Resignation das Hoffen sofort als Illusion denunziert, wenn das Hoffen matt wird unter der Last der Resignation, dann wird auch das Leben matt, entschlußlos, ohne Zukunftsperspektive, eingeengt nur auf die nächsten Notwendigkeiten und aufs kleine private Wohl für die paar Lebensjahre. Mehr zu hoffen ist uns nicht erlaubt; die starken Argumente der Resignation verbieten jedes Mehr.

Nach Claudel heißt die Alternative: Resignation oder Christentum. So steht es tatsächlich. Die christliche Botschaft ist das große Verbot der Resignation und die große Erlaubnis zur Hoffnung. Das Urchristentum war in der antiken Welt – die natürlich auch eine Welt mit vielen einzelnen privaten Hoffnungen war, aber im ganzen eine Welt bleierner Resignation – nichts Geringeres als eine Hoffnungsexplosion, deren Schallwellen bis zu uns heute gehen. Das spätere Christentum bis heute sind die Schallwellen davon.

Im ersten Petrus-Brief, einem Brief im Neuen Testament, der dem Apostel Petrus zugeschrieben wird, steht die Aufforderung an die frühen Christen: Jeder soll stets bereit sein, »Rechenschaft abzulegen jedem, der euch fragt nach dem Grund der in euch vorhandenen Hoffnung«. Diese Hoffnung war etwas sehr Fremdes in jener Zeit. Fragen wir aber im Kontext des Neuen Testaments, was an Hoffnung gemeint ist, dann nehmen wir am besten das Zentralwort aus der Verkündigung Jesu: *Reich Gottes*. Das ist ein altertümliches Wort. Könnte das heute für uns verständlich gemacht werden? Ich will es versuchen.

Auf wen wird Hoffnung gesetzt? Diesen Leuten ist gewiß geworden, daß die Menschheit nicht allein ist. Das haben sie im Rückgriff auf die Prophetie Israels, deren

Inhalt das auch ist, ausgesprochen. Die Menschheit ist nicht das zufällige Gewimmel von uns Mikroben auf dem Sandkorn Erde im explodierenden Universum, ein Gewimmel, das sich voranbringt mit einigen Fortschritten und dann wieder sich in den Untergang manövriert, sondern sie ist Gegenstand einer Sorge, einer Bekümmerung, ja eines großen Hilfs- und Rettungsunternehmens eines anderen.

Wenn diese frühen Christen »Gott« sagten, dann sagten sie zugleich »Menschheit«. Und Gott definierten sie als den, der aufgebrochen ist zur Rettung der Menschheit. Wenn sie gefragt worden wären, was ist Gott, hätten sie geantwortet: die Hoffnung der Menschheit. Was war der Inhalt ihrer Hoffnungen und ist also auch der Inhalt der Hoffnung christlichen Glaubens heute? Die Menschheit hat einen Bundesgenossen, und dieser Bundesgenosse ist aufgebrochen und er setzt sich durch.

»Reich Gottes« heißt soviel wie Herrschen Gottes, und Herrschen Gottes heißt: Gott setzt sich durch. Und sich durchsetzen heißt hier: ein neues Leben verwirklichen anstelle eines alten Lebens, eine neue Lebenspraxis anstelle einer Todespraxis. Todespraxis ist, wo man vom Tod lebt aus Angst vor dem Tod und davor, daß man zu kurz kommt in diesem kurzen Leben. Wie heißt es in der Drei-Groschen-Oper? »Denn wovon lebt der Mensch? Indem er stündlich den anderen auffrißt, abwürgt, auszieht und frißt. Denn wovon lebt der Mensch? Daß er so gründlich vergessen kann, daß er ein Mensch doch ist.« Das ist die Todespraxis, die Verdinglichung des Menschen, kann man marxisch sagen, als Mittel zum Zweck, als Sklave oder als Feind. Neue Lebenspraxis heißt demgegenüber Brüderlichkeit. So nennt es das Neue Testament am schönsten. Einander in Anspruch nehmen und in Anspruch nehmen lassen, füreinander da sein: das wäre neues Leben, heile Welt, Schalom, Frieden für alle.

Wie weit reicht diese Hoffnung? Die dort in diesen kleinen Gemeinden sich Sammelnden sahen sich in ein solches Leben wenigstens stückweise hineingezogen, befähigt, das schon etwas zu verwirklichen, brüderlich zueinander zu sein, und sahen sich damit als Vortrupp für eine Gesamtmenschheit, die so lebt. Als Vortrupp der großen Weltrevolution Gottes, der großen Gesamtverwandlung. Nicht nur ein paar Fromme, sondern neuer Himmel und neue Erde – so heißt es am Schluß des Neuen Testaments.

Das weitet den Blick dieser kleinen Gemeinden universal. Und jeder, der heute ein bißchen Christ ist, kann nicht mehr Christ sein ohne Chile, Südafrika, die letzten Paraguay-Indianer, die ganze Menschheit. Diese Perspektive der Gesamtverwandlung stellt sich protestierend gegen die heillosen, sinnlosen Zustände, gegen den Defätismus, der sich abfindet. Der verbreitete Defätismus unter Christen und Nichtchristen sagt, daß es mit dieser Erde und mit dieser Menschheit im Grunde bleibt, wie es ist und immer gewesen ist: die Weltgeschichte ein sinnloser, endloser Strom von Blut und Tränen, ins Unendliche sich wälzend. Dies eben soll uns unerträglich werden. Was wir sonst ertragen, sollen wir nicht mehr ertragen wollen. Und unsere sonst so bescheidenen Hoffnungen sollen unbescheiden, universal und radikal werden.

Und dann etwas Letztes: Was würde das bei uns bewirken? Ich möchte es mit zwei Sätzen sagen: Hat die Menschheit einen Bundesgenossen, dann sind wir Bundesgenossen und haben einen Bundesgenossen.

1. *Wir haben einen Bundesgenossen.* Wir sollen eine so große Hoffnung unverzagt der Misere der bisherigen Menschheitsgeschichte – und auch den heute drohenden Gesamtkatastrophen! – entgegensetzen, weil wir Menschen nicht allein sind, eben nicht nur verlassene, geistlose Mikroben auf dem Sandkorn Erde. Das Evangelium erklärt uns zu Adressaten einer großen Bewegung.

Das Ereignis, das Jesus Christus heißt, ist dieser Gruppe, in der die Reich-Gottes-Hoffnung vorhanden ist, erkennbar geworden als die uneingeschränkt und unlöslich solidarische Verbindung einer mächtigen Liebe mit dieser Menschheit und damit als die Bestätigung der prophetischen Hoffnung Israels, einer einzigartigen Hoffnung unter allen Völkern und Religionen: Vorblick auf eine, auf *die* revolutionäre Wendung der Menschheitsgeschichte vom sinn- und ziellosen Dschungelkampf zu ihrer Menschwerdung, zum brüderlichen, geisterfüllten Leben der Menschen miteinander in Gemeinschaft mit Gott. Jesus Christus ist das Argument der Hoffnung gegen die Resignation.

2. *Wir sind Bundesgenossen.* Dieses Ziel Gottes wird uns zum neuen Ziel unseres eigenen Lebens gegeben. Wir werden eingeladen, die Bewegung Gottes zum Reiche Gottes mitzumachen, in ihr mitzuwirken. Jede Lebensbewegung von uns, die im Sinne dieser Bewegung auf das Reich Gottes hin liegt und in seinem Geist geschieht, ist sinnvoll, ist ein positives Moment und wird aufbewahrt in der Bewegung zum »Punkt Omega« (Teilhard de Chardin). Jede Lebensbewegung von uns, die dieser Bewegung entgegenläuft, ist sinnwidrig, ist eine Todesbewegung.

Die Frage nach meiner eigenen Hoffnung über den Tod hinaus ist damit auf die Seite gedrängt, aber mitbeantwortet. Bewege ich mich mit in der Bewegung Gottes für die Menschen, dann ist mein Leben jetzt schon voll Sinn, dann nehme ich jetzt schon teil am »ewigen Leben«, wie das Johannesevangelium es ausdrückt. Der Sinn meines Lebens hängt jetzt nicht mehr davon ab, wie lange mein eigenes Existieren sich fortsetzt, ob es mit dem physischen Sterben aufhört oder nicht. Weil aber in meinem hiesigen Leben diese Lebensbewegung nicht so herrscht, wie es sein sollte, weil sie oft genug noch von meinen Todesbewegungen durchkreuzt wird, weil also mein von dieser Hoffnung und Bewegung erfülltes Leben immer noch ein Fragment, ein nur teilweise erfülltes Leben ist, darum umschließt die Hoffnungsbotschaft für die ganze Menschheit auch mein kleines Leben: Auch dieses mein Leben soll noch heil werden, ganz erfüllt von der Teilnahme an der Lebensbewegung Gottes für die Menschen. Auch für dieses mein Leben ist in Ewigkeit gesorgt.

Ich muß abbrechen. Zuwenig ist noch gesagt worden über die individuelle Hoffnung, über individuelles Sterben. Wir alle werden älter und werden eines Tages fragen: Was wird aus uns? Und vieles andere ist ausgelassen, vor allem die Frage der Hoffnung bei Erfolglosigkeit und ständigen Rückschlägen, die eher den Beweis bieten, daß Gott nicht da ist und dieser Menschheit nicht vorangeholfen wird. Für die Anfechtungen durch die Hoffnungslosigkeit auch gegen diese Hoffnungsargumente, die ich aus dem Neuen Testament und mit dem Namen Jesus hervorgehoben habe, möchte ich am Schluß eine Geschichte erzählen:

Bekannt ist das berühmte Wort von Luther mit dem Apfelbäumchen, das er pflanzen würde, wenn er wüßte, daß morgen die Welt unterginge, – oder auch, daß ich morgen vielleicht sterbe; denn das ist mein Weltuntergang. Es gibt eine noch schönere Geschichte, die ich erzählen möchte.

In der Mitte des vorigen Jahrhunderts tagte in einem Staat des nordamerikanischen Mittelwestens das Parlament dieses Staates. Wie es dort manchmal vorkommt, zog ein fürchterliches Unwetter herauf, ein Orkan, und verdunkelte den Himmel. Es wurde schwarz wie die Nacht. Die Parlamentarier wollten voll Entsetzen die Sitzung abbrechen und aus dem Sitzungssaal stürmen. Darauf sagte der Sprecher des Parlaments: »Meine Herren! Entweder die Welt geht jetzt nicht unter und unser Herr kommt noch nicht, dann ist kein Grund vorhanden, die Sitzung abzubrechen. Oder unser Herr kommt jetzt – dann soll er uns bei der Arbeit finden. Die Sitzung geht weiter!«

Das ist die neue Hoffnungsdimension, die die biblische Botschaft in unser Leben hereinbringt. Kein ausmalendes Wort über das *Wie* der Erfüllung ist möglich, ist aber auch nicht nötig. Nötig heute ist nur die mobilisierende Aussicht auf das *Daß*. Wer aber ist es, auf den diese Hoffnung sich gründet? Wer sorgt dafür, daß wir es mit ihr wagen, von ihr unsere Lebensbewegungen dirigieren lassen können? Wer ist – Gott?

III. Wer ist Gott?

Man hat gesagt, der Putsch in Chile bedeute für den Westen das gleiche wie die Sowjetinvasion in der Tschechoslowakei, nämlich die Abwürgung des Versuches eines Sozialismus mit menschlichem Antlitz. Es gibt natürlich auch Unterschiede neben dieser Gemeinsamkeit. Einen Unterschied möchte ich hervorheben: Die Junta begab sich in die Kathedrale von Santiago zu einem Tedeum, während die Arbeiterviertel von Santiago zerbombt wurden. (Inzwischen wurde bekannt, daß Kardinal Henriquez von Santiago anstelle des von der Junta erbetenen Tedeums ein Hochamt gehalten hat, bei dem die gesamte Junta anwesend war. Sachlich ändert sich dadurch für unseren Zusammenhang nichts.)

Breschnew hat Gott aus dem Spiel gelassen. Die Kommunisten beachten das zweite Gebot der zehn Gebote besser und bemühen Gott nicht für ihre Zwecke und ihre Schandtaten. Dieses Märtyrer-Wort »Gott«, das vorgesehen ist für das Höchste und Wichtigste in unserem Leben, wird wie kein anderes zur Tarnung der übelsten Gottlosigkeiten mißbraucht.

Wenn wir heute davon sprechen, dann soll – wie Martin Buber gesagt hat – jedes Sprechen von Gott ein Rettungsversuch des Wortes »Gott« aus dem Schlamm sein, aus dem Schlamm des Mißbrauchs, eine Wiederherstellung seines ursprünglichen Glanzes und Ernstes. Gott ist kein neutrales Wort. Man kann nicht im Plauderton beim Nachmittagskaffee fragen, ob es Gott gibt, so wie man fragt, ob es die Seeschlange in Loch Ness gibt.

Die Frage: Wer ist Gott? hat einen Doppelsinn. Jede Wer-ist-Frage hat einen Doppelsinn. Ich kann fragen: »Wer ist Franz Meier?« Dann meine ich: Wer ist etwa unter fünf Leuten der, der Franz Meier heißt? oder: Was ist der Franz Meier für ein Kerl, wer kann mir was über ihn sagen? Hier habe ich den Namen und frage nach der Beschaffenheit seines Trägers. Das ist die eine Möglichkeit einer Wer-ist-Frage. Die andere Möglichkeit: »Wer ist der Sieger im Länderwettkampf?« »Wer ist Premier-Minister von England?« »Wer ist der Kandidat in eurem Wahlkreis?« Da habe ich eine Funktion, einen Titel, ein Prädikat und frage nach seinem Träger und nach dessen Namen. »Gott« ist in der ursprünglichen und strengen Bedeutung des Wortes ein Titel, Angabe einer Funktion, und zwar ein nach oben weisender Titel, so wie die Titel Herr, König, Richter, die in der Überlieferung dem Titel Gott oft gleichgesetzt werden. Götter sind die obersten machthabenden Instanzen, von denen her wir Leben oder auch Zerstörung unseres Lebens empfangen. Gott in der Einzahl – das würde sagen, daß es eine letzte, höchste Instanz gibt, von der alles abhängt, der ganze Sinn unseres Lebens. Darum ist die Sinnfrage und die Gottesfrage identisch. Von woher du dir Sinn deines Lebens versprichst, oder auch: von woher du die schrecklichste Sinnzerstörung fürchtest, das ist dein Gott.

Deshalb bezweifle ich, ob es richtig ist, wenn man sagt: Wir leben in einem atheistischen Zeitalter, weil früher die Existenz Gottes oder von Göttern selbstverständlich gewesen sei, während das heute für die meisten mindestens unselbstverständlich oder ganz unglaubwürdig geworden sei. Was sich geändert hat, sind eigentlich nur die Titel. Wir geben unseren Göttern nicht mehr den Titel »Götter«, aber die Realitäten sind geblieben. Für jeden von uns gibt es einige Größen, von denen für ihn alles abhängt, auf die er hofft wie auf nichts anderes, oder die er fürchtet wie nichts anderes. Darum gilt, was ein antiker Schriftsteller sagte, auch heute: Die Welt ist voll von Göttern.

In einem berühmten Text, einem Abschnitt seines Großen Katechismus, schreibt Martin Luther: Gott nennen wir das, worauf wir uns in allen Nöten verlassen. Er zählt dann eine ganze Menge Götter in seiner Zeit auf – etwa bestimmte Heilige, an die man damals geglaubt hat, oder mächtige Leute, auf die man rechnet oder die man fürchtet, oder die Gesundheit, die Karriere, die Ehre und – ahnend, was mit der kapitalistischen Periode heraufzieht – sagt er: »Der Mammon ist heute der allergrößte Gott auf Erden.«

Wenn ich nochmals an die Junta in Santiago erinnern darf, die mit ihren Hintermännern und den Schichten, für die sie steht, auf dem Altar ihres Gottes Verfassung, Demokratie, Menschenleben geopfert hat: Geschah das auf dem Altar des Gottes, von dem das Tedeum spricht, oder galten die Opfer dem gefährdeten Kapital, den bedrohten Privilegien und dergleichen?

Oder ein drittes Beispiel: Die französische Schriftstellerin Else Triolet sagte kürzlich in einem Interview von ihrem Manne Louis Aragon, dem großen kommunistischen Dichter, »daß es für ihn nie etwas Wichtigeres gegeben hat als das, was er seine Treue zur Partei nennt . . . Diese Treue kann für ihn nicht anders als total sein, und wenn sie für ihn nicht so viele innere Konflikte und Zerwürfnisse mit sich selbst im Gefolge gehabt hätte, hätte er ihr, glaube ich, nicht einen so hohen Platz angewiesen«. Aragon ist weltanschaulich Atheist, aber hier wird deutlich: die Partei hat für ihn göttliche Funktion. Ich sage das nicht abwertend. Es gibt edlere und gemeinere Götter, solche, die uns hinabziehen, und solche, die uns hinaufziehen. Ich vermute, die meisten von uns sind wahrscheinlich nicht Monotheisten wie Louis Aragon, der nur einen Gott hat, sondern Polytheisten und haben mehrere solche wichtigen Instanzen der Hoffnung und der Furcht, mit denen wir versuchen, uns gut zu stellen.

An welchen dieser vielen Götter ist das Tedeum adressiert, das in der Kathedrale von Santiago gesungen wurde: »Großer Gott, wir loben dich, Herr, wir preisen deine Stärke!«? Offenbar für keinen von diesen allen, die ich jetzt aufgezäht habe, hat man das Tedeum gedichtet, nicht für den Gott der Ehre oder des Sports oder des Mammons usw. Was steht dann aber über diesen Göttern? Jetzt kommen wir ins Unsichere, jetzt wird es schwierig. Von diesen ersten Göttern, von denen ich sprach, verstehen wir etwas. Es würde uns aber sehr gotteslästerlich erscheinen, obwohl es wahrscheinlich die nackte Wahrheit wäre, wenn man vom Altar das Kreuz heruntertäte und einen Geldsack drauf oder ein Aktienpaket oder ein anderes Bild des goldenen Kalbes oder das Parteibuch und vor ihm niederfällt – ein Teil der Menschheit vor diesem Altar, ein anderer vor diesem – und singt: »Großer Gott Mammon, großer Gott Sexus, großer Gott Partei, großer Gott, wir loben dich, Herr, wir preisen deine Stärke.«

Wenn aber das Tedeum selbst, ein frühchristlicher Lobgesang, nicht an diese Götter adressiert war, an welchen ist es dann adressiert? Dies eben ist die Stelle, wo wir ins Unsichere kommen. Denn was steht hinter diesen sichtbaren, begreiflichen Göttern? Der Tod? Das ist der höchste Gott. Oder das Nichts, das undurchdringliche Dunkel? Oder sollen wir es positiver sagen: das Leben, die unerschöpfliche Lebenskraft, die ewig neu gebärende Materie, das All, das Unendliche? Wenn wir das ins

Auge fassen, dann werden wir wahrscheinlich nicht singen: »Wir loben dich.« Was ist da zu loben? Was ist da zu danken. Froh zu sein, daß uns das umgibt? Wir werden vielleicht lieber schweigen. Ich weiß nicht einmal, ob wir mit Goethe sagen sollen: schweigend verehren. Denn ich weiß auch nicht recht, was es da viel zu verehren gibt. Am besten wird es sein, schlicht zu schweigen, weil es sich um das große Schweigen handelt, das uns umgibt und unterhalb dessen wir allein sind mit all den großen Gottheiten, von denen unser Leben abhängig ist.

Das Tedeum wurde weder an diese Gottheiten noch an das große Schweigen adressiert, sondern – das müssen wir jetzt klar ins Auge fassen – an den Gott der Juden, der im Alten Testament den Namen »Gott Abrahams, Isaaks und Jakobs« trägt und dazu den Namen JHWH, den man früher als Jehova aussprach und heute Jahwe ausspricht, und der die Verheißung enthält: »Ich bin da, ich bin für euch da.« Der Bundesgenosse Israels ist der Gott Abrahams, Isaaks und Jakobs, der Gott des Juden Jesus von Nazareth, der Bundesgenosse Jesu, in dessen Namen, in dessen Kraft und dem gehorsam Jesus sprach und handelte und sich umbringen ließ und – wie seine Jünger erkannten – auferweckt wurde. Die Erscheinung dieses Juden Jesus von Nazareth hat zur Folge, daß nun auch Nichtjuden, wir z. B., die wir zumeist aus den heidnischen Völkern kommen, eingeladen und ermächtigt sind, den Bundesgenossen Israels als unseren Bundesgenossen anzusehen, anzubeten, anzurufen. Oder, wie Luther im Kleinen Katechismus sagt, ihm über alle Dinge zu vertrauen, ihn zu fürchten, ihn zu lieben. Wenn wir diesen Jesus, die Propheten, die Apostel, überhaupt die Glaubenden fragen: »Was unterscheidet diesen Gott sowohl von den anderen Göttern unseres Lebens wie von dem großen schweigenden Unendlichen?«, dann werden ihre Antworten das enthalten, was ich jetzt versuche aufzuzählen:

1. Er gibt Leben nicht nur teilweise. Alle Götter geben Leben teilweise; die alten Fruchtbarkeitsgötter sorgen für den Acker, der Kriegsgott Mars gibt den Sieg, der Mammon gibt Leben, das man kaufen kann, und die Partei gibt politische Zukunft. Sie sind alle für Lebensteile zuständig. *Dieser Gott* gibt das ganze Leben, er ist für alles zuständig, auch für alle Nöte, ebenso für alle Aufgaben, schlechterdings für alles.

2. Er ist mächtiger als der größte Gott, er ist mächtiger als der Tod. Er kann dem Tod die Macht nehmen, er kann dem Leben einen Sinn geben, das vom Tod schlechterdings nicht mehr zerstört werden kann.

3. Er ist ganz Liebe. Alle anderen Götter lieben nicht. Die Griechen – wir kennen das Hölderlin-Gedicht: »Ihr wandelt droben im Licht« – haben ausdrücklich gesagt, daß die Götter die Menschen nicht lieben, und daß erst recht der letzte Gott, der göttliche Geist, nicht liebt. Das Schweigen liebt nicht, das Unendliche liebt nicht. Alle Götter verlangen unsere Liebe, unsere Opfer, verbrauchen uns und lassen uns dann auf den Müll fallen. Darum enttäuschen sie irgendwann einmal jeden. Dieser Gott – so sagen uns die, die von ihm gehört und Erfahrungen gemacht haben – enttäuscht nie, selbst wenn er einen so lange Zeit enttäuscht wie den Hiob. Dieser Gott opfert sich selbst. Im Kreuz Jesu erkannten sie einen Gott, der sich für seine winzigen Geschöpfe, die ihm nichts geben können als Dank, selbst ganz hingibt.

4. Die anderen Götter rächen sich. Unser Verhältnis zu ihnen ist das des Do ut des. Es wird berechnet, was wir ihnen geben, und wir bestechen sie, damit sie uns etwas geben. Sie sind im Grunde gnadenlos. Dieser Gott (auch wenn in der christlichen Kirche oft von ihm gesprochen worden ist wie von einem Do-ut-des-Gott, d. h. einem,

bei dem gilt: »Ich gebe, du mußt mir was dafür geben«) will sich nicht an denen rächen, die sich an ihm verfehlen. Er sieht ihre Verfehlungen als Krankheit und Not an. Er will ihnen aus der Todespraxis in die Lebenspraxis helfen.

5. Diesen Gott kann Israel (und damit wir!) hören, und mit ihm können wir reden. Hinter den Göttern, von denen die Mythen der alten Religionen sprachen, stand das Schweigen, die stumme Unergründlichkeit des Seins, des Schicksals. Hinter den Mythen und Instanzen, die unsere Götter sind, steht das Schweigen des Todes und der Unendlichkeit, die ewige Materie etwa, die nicht spricht und nicht hört, und diese Mächte und Instanzen selbst, ob sie nun Mammon heißen oder Partei oder Nation oder Sexus, sind selbst schweigende Götter, von denen keine persönliche Anrede ausgeht. Wenn man heute sagt, wir könnten nicht mehr so naiv sein, an einen »persönlichen Gott« zu glauben, *meint* man, es gehe nur darum, die menschliche, allzu menschliche Vorstellung von Gott als einem im Himmel sitzenden Übermenschen durch einen geistigeren Gottesbegriff zu ersetzen. *In Wirklichkeit aber* geht es um den Verlust des einzigartigen Gottesverhältnisses, in das sich Israel durch jene Stimme gerückt sah: wo alle anderen Völker, Religionen und Philosophien nur den Horizont des letzten Schweigens sahen, hinter allem Seienden, hinter Dingen, Menschen und Göttern, von dorther hört Israel, hört Jesus, hört die Gemeinde Jesu eine lebendige Stimme, von dorther spricht ein hörbares und anredbares Du. Jetzt wird möglich lebendiger, persönlicher Umgang mit dem Ewigen: das Ewige zeigt sich als der Ewige, mit uns sprechend, mit sich sprechen lassend. Wer ist Gott, letzte, entscheidende Instanz? Die durch Propheten zu Israel sprechende, mit Israel sich verbündende, Israel führende Stimme, mit der Israel als Volk und jeder einzelne Israelit in einen persönlichen Umgang treten kann.

6. Wenn wir die Leute, die uns das erzählen, fragen, wie sie auf das alles kommen, sagen sie uns, sie fänden es gar nicht erstaunlich, sondern sehr verständlich, daß wir nicht sofort ihnen zustimmen. Sie sagen, sie fänden es sehr erstaunlich, daß diese Stimme, die Stimme aus dem Dunkel, das uns umgibt, überhaupt Gehör auch bei ihnen selbst gefunden hat, daß diese Stimme Menschen gewonnen hat, sich hineinverlocken zu lassen in die neue Lebenspraxis, in die Hoffnungspraxis, die das Hören dieser Stimme zur Folge hat.

Denn die anderen Götter sind alle sichtbar. Sie sind beweisbar; sie beweisen sich uns jeden Tag und imponieren uns mit ihrer tatsächlichen Macht. Es ist ganz vernünftig, sie als Götter anzubeten. Dieser Gott, diese Stimme aus dem Dunkel, kommt mit nichts als mit einem Versprechen, die Theologen sagen: mit dem Wort. Mit nichts als mit einem Versprechen, für das es keine Garantien gibt. Während man die anderen Götter nicht bezweifeln kann, kann man dieses Wort sehr bezweifeln. Es ist die eigene Macht dieser Stimme – in der Kirche sagt man: die Macht des heiligen Geistes –, mit der sie Menschen ergreift und gewinnt, so daß diese Menschen es riskieren, sich auf diese Stimme zu verlassen, auf ihre Versprechungen hin es zu wagen und nach ihren Weisungen ihr Leben zu führen.

Woher hören wir diese Stimme, wer hört diese Stimme, spricht diese Stimme eindeutig? Diese Frage entsteht durch das, was ich soeben von der Unbeweisbarkeit und von der Schutzlosigkeit dieser Stimme gesagt habe. Sie wird uns am deutlichsten in der Schutz- und Wehrlosigkeit Jesu Christi selbst. Jesus von Nazareth hatte keinerlei religiöse Beglaubigung, hatte kein kirchliches Amt, war ein freier Wanderprediger, und daß er die Wahrheit hat und nicht die anderen, die ihn dann umgebracht haben, dafür gab es nicht die geringste Garantie. Schutzlos begibt sich diese Stimme in alle Anzweifelbarkeit und, das ist noch peinlicher, sie läßt sich nur hören wieder durch Menschen. Jesus hat nicht vom Himmel herab als Auferstandener gesprochen durch ein großes Megaphon. Er hat keinen anderen Mund als uns, und keine anderen Hände als unsere Hände. Wenn er Menschen helfen will, kann er es nur durch uns tun und das heißt, er gerät in die ganze Zweideutigkeit des Menschlichen. Jeder von uns, wenn er ihn hören will, muß ihn ständig durch Menschenstimme – auch Sie durch meine – hindurch hören.

Wir können das aber auch positiv ansehen: Wir können diese Stimme hören, ohne auf besondere Mirakel und Ekstasen zu warten, durch schlichte menschliche Worte, die uns weitergeben, was diese Stimme uns verspricht. Nehmen wir solche Worte ernst und wagen wir, daraufhin aus diesem Versprechen zu leben, dann wird unsere Situation grundlegend verändert.

Was sagt und was will diese Stimme, die Israel frei und unabhängig macht von allen sonst als Göttern verehrten Mächten und Instanzen? Welche Freiheit will und bringt der »Gott Abrahams, Isaaks und Jakobs«? Eine Gruppe von Juden, bald vermehrt durch hinzuströmende Nicht-Juden, beantwortet das mit dem Namen eines jüdischen Menschen: Jesus von Nazareth und mit der Erzählung von ihm. In seiner Person vereinigt sich die menschensuchende Ewigkeit, mit der Israel Umgang haben darf, unlöslich mit Israel und dadurch mit der Menschheit. In seiner Person liefert sich die ewige Stimme der menschensuchenden Liebe aus an die tötende Gewalt der menschlichen Lieblosigkeit, um gerade dadurch zu verhindern, daß Lieblosigkeit und also Tod unser letztes Schicksal wird, und auf diese Weise bringt sie ihr Programm voran: das Reich Gottes, die Rettung der Menschen aus der Selbstverderbung in der Lieblosigkeit, die Sinnlosigkeit ist, die Umkehr der menschlichen Geschichte von der Verliebtheit in den Tod und in das Töten hin zu einer neuen Menschheit, die als brüderliche Gesellschaft in Gemeinschaft mit der ewigen Liebe lebt.

Wer ist Gott? Wer allein verdient es, von uns als letztlich entscheidende und sinngebende Macht angebetet zu werden? Wer bietet ein Leben, das sich lohnt in Zeit und Ewigkeit? Die Hörer Jesu von Nazareth hören die Stimme, die ganz von oben zu Israel gekommen war, nun ganz von unten: die an unserer Lieblosigkeit sterbende und sie gerade dadurch durchbrechende ewige Liebe – sie ist Gott, sie hat größere Macht als alle Götter. Auf sie sich verlassen und mit ihr es wagen, das hat unendlichen Sinn, das braucht in Ewigkeit nicht bereut zu werden.

Diejenigen, denen ihre Stimme mehr imponiert als die Götter, die uns jeden Tag imponieren, kommen dadurch in eine neue Situation: Anstelle bisheriger Abhängigkeit, ja Sklaverei: Unabhängigkeit. Was viele, die Religion für ein Abhängigkeitssystem halten, nicht wissen: ein Zentralwort des Alten und Neuen Testaments ist Befreiung, Freiheit. Wo Luther etwa mit Erlösung übersetzt, da steht im Urtext Befreiung oder Freiheit. Erlösung ist Befreiung, Befreiung von all den anderen Göttern. Nicht, als wären sie nicht mehr da. Sie sind ja noch kräftig da, jeden Tag. Aber sie sind degradiert zu kleinen, d. h. zu weltlichen Größen. Letzter Respekt und Gehorsam ist ihnen zu verweigern. Kritische Distanz zu ihnen ist am Platze und möglich.

Nun werden Menschen frei von der Suggestion durch das Imponiergehabe der Mächte, die vorgeben, über Wert, Sinn und Heil unseres Lebens zu entscheiden. Nun können wir zuversichtlich auch ins Altern und Sterben gehen: der Tod hat nicht mehr das letzte Wort. Er kann nicht mehr alles zur Sinnlosigkeit verurteilen. Das wirkt ins diesseitige Leben herein: Wir können, was heute etwas sehr Wichtiges ist, besonders in der westlichen Welt, den Mammon und die Privilegien fahren lassen. Wir können furchtlos vor die mächtigen Götter treten und vor die mächtigen Menschen, mit Mut und langem Atem für die geschundenen Menschen eintreten,

für die Verbesserung der menschlichen Gesellschaft arbeiten.

Auf die Frage also, wem gebührt der Titel »Gott«, zu
wem sollen wir uns wirklich als zu einem Gott verhalten, wiederholt die ganze Schar der Hörer dieser Stimme das Wort, das den meisten von uns als Einleitung
der Zehn Gebote bekannt sein wird: »Ich bin der Herr,
dein Gott, der dich aus dem Sklavenhaus der Abhängigkeit von den anderen Göttern geführt hat; du sollst nie
mehr andere Götter neben mir – höchstens noch unter
mir – haben.«

VERÄNDERUNG IM DIESSEITS

Wie die Christen ihren Glauben verstehen

In diesen Ausführungen ist nicht mehr beabsichtigt als eine Besinnung auf eine Grundtendenz der christlichen Botschaft, und zwar von den grundlegenden Texten dieser Botschaft, also vom Neuen Testament her. Eine solche Besinnung wird vielleicht enttäuschend sein für diejenigen, die geistreiche Betrachtungen zur Diagnose und Therapie unserer Zeit erwartet haben, auch für diejenigen, die mit gutem Grund von den Nöten der Zeit so besetzt sind, daß ihnen eine biblische Besinnung zeitfern und ohne Interesse erscheint. Aber es ist auch politisch, d. h. für die in unserer Zeit und in unserem Lande anstehenden Entscheidungen nicht gleichgültig, wie die Christen ihren Glauben verstehen und zu welchem Verhalten im Diesseits sie durch ihr Glaubensverständnis angehalten und angetrieben werden.

Wir treffen mit unserem Thema unmittelbar hinein in eine grundlegende Auseinandersetzung innerhalb aller christlichen Kirchen und Konfessionen heute, die dort schwere Krisen und heftigen Streit verursacht. Jürgen *Moltmann* (»Der gekreuzigte Gott«, 1972) beschreibt sie als die Spannung von *Relevanz* und *Identität:* In der heutigen Welt wird die Kirche in Frage gestellt – ganz anders als in früheren Zeiten, in denen Religion ihren fraglosen Ort im menschlichen und gesellschaftlichen Leben hatte – mit der Frage nach ihrer *Relevanz* für das menschliche Leben – und dies nicht nur für das individuelle Leben, sondern für die Gestaltung des sozialen, politischen, kulturellen Lebens; kritisch wird ihr negative Relevanz zu häufigen Malen in der Geschichte vorgeworfen, und die Frage ist, ob an die Stelle solcher negativen Relevanz eine positive treten könne – oder vielleicht gar keine, sondern nur noch eine private – und wenn eine positive, wie die dann aussähe.

Diejenigen Christen, die sich daran machen, eine solche positive Relevanz praktisch zu erweisen, begeben sich in die politischen und sozialen Kämpfe hinein, ergreifen hier Partei, wie es unvermeidlich ist, sind ganz in Anspruch genommen von »weltlichen« Fragen, gehen in politische Gruppierungen und, während sie auf diese Weise praktizieren wollen, wohin das Evangelium sie drängt, gelten ihre Gedanken und Worte oft weniger der Bibel und den Glaubensfragen als diesen Weltproblemen; sie entfernen sich von der Tradition der christlichen Bekenntnisse und von traditioneller christlicher Distanz zum Politischen. Ihr Bemühen um Aufweis der diesseitigen *Relevanz* des Evangeliums erscheint anderen als eine neuartige Politisierung der Kirche, ja als *Verlust* des Evangeliums an das Diesseits, ans Weltliche und Politische, als Verlust der christlichen Identität.

Diejenigen aber, die sich um diese christliche *Identität* bemühen, bedenken die großen Aussagen der christlichen Überlieferung, die Heilsfrage, wie sie hier gestellt wird, die Gottesfrage; sie interpretieren diese Überlieferung, bleiben ihren Worten und Aussagen treu, aber es gelingt ihnen nur schwer, die Brücke zu schlagen zu den drängenden, uns alle betreffenden Gesellschaftsfragen unserer Zeit; oft auch, um nicht jener von ihnen so gefürchteten Gefahr der Politisierung zu verfallen, heben sie hervor, daß das Evangelium sich *nicht* mit den Gesellschaftsfragen befasse, sondern nur mit dem ewigen Heil der Menschenseele, und während sie so sich auf die Ewigkeits-, die Jenseitsbeziehung der menschlichen Existenz als dem, wie sie meinen, einzigen oder mindestens Haupt-Inhalt des Evangeliums konzentrieren, verlieren sie die Diesseitsbeziehung, bleiben in einem religiösen Innenraum, halten zwar die *Identität* der christlichen Überlieferung fest, vermögen aber ihre gesellschaftliche *Relevanz* weder theoretisch noch praktisch zu erweisen.

Die gleiche Spannung, die zu solchen Antithesen führt, wird heute oft auch mit den Begriffen der *Vertikalen* und der *Horizontalen* dargestellt, und auch diese Begriffe dienen als Waffen im innerchristlichen Streit. Verlust der Vertikalen, d. h. der Gottes- und Jenseitsbeziehung wird denen vorgeworfen, die man ganz mit der Diesseitsbeziehung des Evangeliums, mit Mitmenschlichkeit, mit Gesellschaftsveränderung beschäftigt sieht, und auf Verlust der Diesseitsbewegung des Evangeliums, auf Flucht in die Innerlichkeit und ins Private geht der gegenteilige Vorwurf.

Solcher Streit muß für alle daran Beteiligten – und wer von uns wäre das nicht, ob er nun lebendiges Kirchenmitglied ist oder ob er als Außenstehender wegen der nicht zu leugnenden gesellschaftlichen und kulturellen Bedeutung, die Religion und Christentum immer noch und immer wieder haben, sich für diesen innerchristlichen Streit interessiert – Anlaß sein, gemeinsam zurückzufragen nach den Grundlagen und Grundaussagen des christlichen Glaubens: Wie steht es bei ihnen mit Jenseits- und Diesseitsbeziehung, mit Gottesverhältnis und Weltverantwortung, mit Glauben und Politik?

Nachdem so die Aktualität unseres Vorhabens einer biblischen Besinnung klar ist, fragen wir zuerst nach dem Sinn der von mir verwendeten Worte: Jenseits und Diesseits (oder: Transzendenz und Immanenz), die ja keine biblischen Worte sind, sondern aus dem philosophischen Sprachgebrauch in die christliche Sprache eingedrungen sind. *Nicht* gemeint ist in unserem Zusammenhang die Frage, ob es außer der Welt, in der wir leben und die wir mit unseren Sinnen erkennen, noch eine jenseitige *Welt* gibt, in der andere Wesen, etwa Engel und Geister, leben und in die auch wir nach dem Tode gelangen. Diese Frage mag wichtig sein oder nicht, sie steht hier nicht zur Verhandlung.

Wir können das Wort »*Jenseits*« sehr allgemein verstehen. Wir können – wie es manche Philosophen mit dem Begriff *Transzendenz* tun – darunter den letzten und universalen *Horizont* unseres Daseins und der ganzen Welt verstehen, jenen Horizont, der alles einzelne umfaßt und begründet, ihm Sinn verleiht und es rechtfertigt. »*Diesseits*« ist dann die Welt, in der wir uns befinden und mit der wir ständig umgehen: die sinnbedürftige, nach ihrem Sinn fragende Welt. »*Jenseits*« ist die Bezeichnung für das, was über den Sinn unseres Daseins in der diesseitigen Welt entscheidet, von woher das letzte Urteil kommt über das, was wir sind und leben.

Was dieses letzte Urteil sein mag, ist selbstverständlich eine Frage, die jeden Menschen, bewußt oder unbewußt, bewegt und zu der wir in allen wichtigen Entscheidungen unseres Lebens Stellung nehmen – wie verschieden auch unsere Ausdrücke dafür sein mögen. Die Antworten, die die Religionen und Philosophien gegeben haben auf die Frage, ob es ein solches letztes Urteil gebe und was von ihm zu erwarten sei, lassen sich, soweit ich sehe, in drei Gruppen einteilen:

1. Es gibt kein letztes Urteil, also auch keine letzte Wahrheit, keinen letzten Maßstab, keine letzte Sinngebung, es ist letztlich alles sinnlos – die Antwort des *Nihilismus*.

2. Ob es letzten Sinn gibt oder nicht, können wir nicht wissen und müssen uns deshalb beschränken auf das, was wir im Diesseits erkennen können – die Antwort des *Agnostizismus*.

3. Wir unterstehen alle einem letzten Gericht und werden von ihm entweder zu unserem Heil bejaht oder zu unserem Unheil verneint werden, je nachdem, wie wir unser hiesiges Leben zugebracht haben – die Antwort der *Religionen*.

Diese letzte Antwort *scheint* die des Christentums zu sein, und es ist nicht zu leugnen, daß sie von vielen christlichen Kanzeln und Theologien so zu hören ist mit Berufung auf zahlreiche Bibelstellen. Aber ob in ihr wirklich die spezifisch christliche Antwort enthalten ist, wird schon durch die Beobachtung zweifelhaft, daß die meisten Religionen ebenso antworten. Ja, eine wichtige gesellschaftliche Funktion der Religionen besteht gerade darin, die Menschen durch Verweis auf das jenseitige Heil oder Unheil zu dem Verhalten anzuhalten, das jeweils für sozial nützlich gehalten wird – und also, soweit es sich um eine Klassengesellschaft handelt, von den jeweils herrschenden Schichten in ihrem Interesse für sozial nützlich gehalten wird. Religion wirkt hier als moralische Repression, als Leistungsdruck zur Erzielung erwünschten Verhaltens.

Soweit sie sich darauf richtet, hat marxistische Religionskritik sicher recht. Nicht recht hat dagegen der andere, häufig erhobene Vorwurf, dieser Gedanke eines jenseitigen Gerichtes führe zu Weltverneinung und Weltflucht. Im Gegenteil, es ist ja nicht zu übersehen, daß hier auf das diesseitige Leben ein unerhörtes Gewicht fällt: In diesem kurzen Leben wird durch mich selbst entschieden über mein ewiges Heil oder Unheil. Ernster kann das Diesseits gar nicht genommen werden. Und es ist auch nicht zu verkennen, daß immer wieder Menschen durch das Bewußtsein einer ewigen Verantwortung für ihr diesseitiges Leben gerade frei geworden sind gegenüber den Zumutungen der Mächtigen und um ihres ewigen Heils willen lieber bis in den Tod menschlichen Geboten den Gehorsam verweigerten, Gott mehr gehorchten als den Menschen.

So sehr dieser Gedanke der jenseitigen Rechenschaft zu den Grundaussagen des Evangeliums gehört, dieses Evangelium selbst ist damit noch nicht erreicht. Die Ankündigung solchen Endgerichts sagt vielmehr ein *unverändertes Jenseits* aus, ein Jenseits, das uns festlegt auf unser Diesseits. Jeder Mensch ist hier seines ewigen Glückes Schmied, und an dem, was er im Diesseits sich schmiedet, ändert sich im Jenseits ewig nichts. Wäre diese Lehre vom doppelten Ausgang der Inhalt der christlichen Botschaft, dann unterschiede sie sich nicht wesentlich von den Religionen, und dann wäre sie kein »euangelion«, keine gute Botschaft.

Die reformatorische Entdeckung: die gute Botschaft von der Veränderung des Jenseits

Das Evangelium ist die gute Botschaft von der Veränderung des Jenseits. In exemplarischer Weise ist das von *Luther* erkannt und erfahren worden. Dies ist das Herzstück seiner reformatorischen Entdeckung.

Er hat das Christentum von der damaligen Kirche gepredigt bekommen als die Ankündigung des doppelten Ausgangs im Endgericht, in dem wir beurteilt werden nach dem, was unser diesseitiges Leben wert war, und er hat diese Ankündigung todernst genommen. »Den jüngsten Tag habe ich entsetzlich gefürchtet«[1], sagt er als alter Mann im Rückblick auf seine Jugend. Das Grundereignis seines Lebens war die *Befreiung* vom vergeltenden Endgericht. Er entdeckte, daß in der apostolischen Auslegung die Erscheinung Jesu Christi nicht die Bestätigung und Einschärfung dieser Furcht vor dem Endgericht und des aus ihr resultierenden Leistungsdruckes ist, sondern die Befreiung von ihr. Die Erscheinung Jesu Christi ist die große Jenseitsveränderung: Der als Richter drohte, macht sich zu unserem sich selbst für uns hingebenden Freund. Er will nicht den Tod, sondern das Leben des lebensunwerten Lebens. Er verbindet sich mit unserem freilich lebensunwerten, d. h. einer ewigen Bejahung nicht würdigen Leben so unlöslich, daß es nun umschlossen ist von ewigem Wert, von ewiger Liebe und Bejahung. Bedingungsloses Ja der ewigen Liebe zu jedem Menschen – das ist »euangelion«, jedem als die große Befreiung und Ermutigung auf den Kopf zuzusagen;

---

[1] Diem extremum horribiliter timui. WA 54, 179, 32.

das ist der Sinn des großen »für uns«, mit dem das Neue Testament den Tod Jesu Christi auslegt. So hat es Luther bei *Paulus* gelesen (Röm. 5): »Als wir noch Feinde waren«, hat der ewige Richter in Jesus mit uns »getauscht«, auf sich das Unheil genommen und uns das Heil verschafft. Der Feind ist angenommen, der Richter sorgt für seinen Feind, nun haben wir »Frieden mit Gott«, Frieden mit dem Jenseits, das bisher entweder mit dem Nichts (Nihilismus) oder mit dem Gericht, auf alle Fälle mit Unheil drohte.

Nun hört der, der das Evangelium hört, Jesus und damit Gott selbst, die letzte Wahrheit und die letzte Wirklichkeit, zu ihm sprechen: »Siehe, du Versager und Lebensunwerter, aus reiner, durch kein Verdienst von deiner Seite begründeter Liebe, mit der ich dich liebe aus dem Willen des Vaters der Barmherzigkeiten, verspreche ich dir mit diesen Worten, vor jeglichem Verdienst und Gelöbnis von deiner Seite, die Vergebung all deiner Feindschaft und das ewige Leben.«[2]

Das ist die freudige, befreiende Jenseitsveränderung. Was hat sie für Folgen fürs Diesseits, inwiefern ist sie auch die tiefste Diesseitsveränderung? *Daß* sie das Diesseits verändert, ist ohne Zweifel. Sie wird ja ins Diesseits hereingesagt. Nicht erst dann erfahren wir von ihr, wenn es soweit ist, nämlich dann, wenn wir nach dem Diesseits vor dem ewigen Richter stehen, sondern hier schon, mitten im Diesseits wird uns der ewige Freispruch verkündigt, wird uns gesagt, daß kein Jenseits mehr droht, daß für uns auf ewig wohl gesorgt ist. Inwiefern wird uns damit das Diesseits verändert?

Es wird in sehr bedenklicher Weise verändert, sagten damals die Gegner Luthers und sprachen ihre tiefe, nur

---

2 Ecce o homo peccator et damnatus, ex mera gratuitaque charitate, qua diligo te, sic volente misericordiarum patre, his verbis promitto tibi, ante omne meritum et votum tuum, remissionem omnium peccatorum tuorum et vitam aeternam. WA 6, 515, 18–21.

allzu verständliche Sorge aus, es würden nur »leichtsinnige Leute« daraus, wenn die Peitsche der Moral, die mit ewigen Sanktionen droht, so zerbrochen wird. Um es mit Begriffen von Sigmund *Freud* auszudrücken: Die gesellschaftlich notwendige Triebunterdrückung wird nur erreicht durch das Realitätsprinzip der Vergeltung, das mit Lohn und Strafe droht und das Überleben nur dem verheißt, der sich den moralischen Bedingungen des Überlebens anpaßt. Nie wurde dieses Realitätsprinzip der Vergeltung so rigoros formuliert wie in der Lehre von dem sich nach unserem diesseitigen Leben richtenden Endgericht, die die Bedingungen des Überlebens bis in die Ewigkeit festlegte.

Es ist hier nicht der Ort, die ganze Antwort darzulegen, die Luther und die anderen Reformatoren auf diese doch wahrhaftig ernst zu nehmende Gegenfrage geben, auch nicht, kritisch zu fragen, ob sie bei diesen Antworten ihre Grunderkenntnis konsequent festgehalten haben oder durch neues Einschleichen von gesetzlichen Bedingungen – z. B. der Auffassung des Glaubens oder gar des Fürwahrhaltens kirchlicher Lehren als Seligkeitsbedingung – an Stelle der Jenseitsneurosen, die das Spätmittelalter schüttelten, zu neuen religiösen Neurosen Anlaß gaben, die dann Gegenstand der Freudschen Religionskritik geworden sind.

Gewißheit im Endgericht – das ist soviel wie Befreiung vom Endgericht, sofern es mit Vergeltung drohte. Evangelium als Befreiungserlebnis – darin sicher hat Luther das Zentrum des Neuen Testamentes nachgesprochen und der Neuzeit Entscheidendes vorgesprochen. Wenn wir aber nach der aus jener Jenseitsveränderung folgenden Diesseitsveränderung fragen, dann läßt sich dafür, wie mir scheint, in der biblischen Botschaft noch mehr finden, als die reformatorische Tradition uns überliefert.

Was sie über die Diesseitsveränderung zu sagen hatte, war gezielt aufs Individuum, eben auf jenes Individuum, das einsam vor Gottes Angesicht, einsam vor dem ewigen Gericht steht, sich hinter keinem Kollektiv mehr verstecken, auf kein Kollektiv, auf keinen anderen Menschen, auf keine andere Autorität mehr die Verantwortung für sein Leben abwälzen kann, das vielmehr selbst – »Hier tritt kein anderer für ihn ein!« – für sein Leben verantwortlich ist. Dieses von Verantwortung und Rechenschaft bedrängte Individuum hört im Evangelium, daß Gott selbst, der Richter selbst in Jesus für es eintritt, und daraus geschieht ihm Gewißheit des Heils, zuversichtliche Hoffnung, fröhlicher Trost.

Das Wort »Trost« ist hier in seinem ganzen Gewicht zu fassen. Bei wem hier das Klischee »Vertröstung aufs Jenseits« einrastet, der ist noch meilenfern von der Sache. Wir haben ja gehört, daß das Jenseits keineswegs als lockendes Schlaraffenland in Aussicht gestellt wird, sondern als bedrohlicher Schatten aufs Diesseits fällt, weil die Frage, ob unser Leben ein ewiges Ja verdient, um so bedrängender quält, je schärfer sie gestellt und empfunden wird. Nicht um Vertröstung auf . . ., sondern um Trost im . . . handelt es sich, um zuversichtlich machenden Trost im Gericht nämlich und in der begründeten Angst vor ihm, um Trost in der zermürbenden, lebenzerstörenden Vorführung meines Versagens, um Gleichmut gegenüber dem Ansturm der Minderwertigkeitsgefühle, um Getröstetsein inmitten der tiefen Infragestellung meines Lebens infolge seiner Vergeblichkeit, seiner Vergänglichkeit und seiner Schuldhaftigkeit, um »Trost in Anfechtung« (um es in Luthers Sprache zu sagen).

»Was ist dein einiger Trost im Leben und im Sterben?«, fragt der Anfang des Heidelberger Katechismus, und als die Hauptsachen, die man wissen muß, um »in diesem Trost selig leben und sterben« zu können, bezeichnet er anschließend die Erkenntnis meiner Sünde (also meiner Hoffnungslosigkeit im unveränderten Endgericht), die Erkenntnis der Geschichte meiner Erlösung von diesem

Endgericht und die Erkenntnis meiner rechten Antwort auf diese Erlösung, nämlich der Dankbarkeit. Nicht anders sagen es die Choräle, die wir von Jugend auf kennen, besonders die Lieder Paul *Gerhardts:*

> Hab ich das Haupt zum Freunde
> und bin geliebt bei Gott,
> was kann mir tun der Feinde
> und Widersacher Rott?
> ...
> Nichts, nichts kann mich verdammen,
> nichts nimmt mir meinen Mut:
> die Höll und ihre Flammen
> löscht meines Heilands Blut.
> Kein Urteil mich erschrecket,
> kein Unheil mich betrübt,
> weil mich mit Flügeln decket
> mein Heiland, der mich liebt[3].

Trost heißt: Standhaftigkeit, Geduld, Gelassenheit, Hoffnung, langer Atem, nicht nachlassender Mut.

Von dieser Diesseitsveränderung ist Predigt und Seelsorge der evangelischen Kirchen voll gewesen, hier lag ihre Stärke, sie darf nicht verloren gehen, sie ist ein unentbehrlicher Teil der großen Diesseitsveränderung, die die diesseitige Ausrufung der großen Jenseitsveränderung zur Folge haben soll – aber eben freilich nur ein *Teil.* Die Beschränkung des Evangeliums auf diesen seinen Teil aber ist eine verhängnisvolle Verkürzung. Evangelium als Trost – das ist Ausrüstung mit Mut in Verhältnissen, die man nicht ändern kann. Im Vorausschauen auf die große Veränderung jenseits der diesseitigen Verhältnisse, im Vorausschauen auf das ewige Geborgensein im Ja Gottes wird das unveränderbare Diesseits ertragen, wird gegen den Augenschein von Vergeblichkeit, Vergänglichkeit und Schuld das Vertrauen auf das ewige Ja Gottes und damit die Gewißheit des Sinnes festgehalten, so tief verborgen der Sinn

---

3 Schluß von Vers 1 und Vers 6 aus dem Lied »Ist Gott für mich, so trete«, 1653.

auch unter dem augenscheinlichen Unsinn sein mag. Dieser getröstete Glaube ist männlich, realistisch, skeptisch gegenüber allen diesseitigen Veränderungen. Im Letzten gegründet, hat er fürs Vorletzte wenig übrig. Auf die große Revolution des Jenseits vorausschauend, bleibt er dem Diesseits gegenüber eher konservativ.

»Vorwärts zum Neuen Testament!«

Adolf *Schlatter* hat einmal der Parole »Zurück zur Reformation!« die Parole »Vorwärts zum Neuen Testament!« entgegengestellt. Folgen wir dieser Parole, dann werden wir einen wesentlichen Unterschied zwischen der Reformation und dem Neuen Testament nicht mehr übersehen können: Von der gleichen Jenseitsveränderung herkommend, ist die Haltung des Neuen Testaments in der Frage der Diesseitsveränderung nicht konservativ, sondern revolutionär.

Diese These wird Kennern freilich zuerst als höchst fragwürdig erscheinen. Seit Revolution bei uns ein umstrittenes Reizwort geworden ist, kann man ständig neue Veröffentlichungen lesen, in denen nachgewiesen wird, daß Jesus und das Urchristentum alles andere als revolutionär gewesen seien. Jesus war nicht Zelot, er hat nicht eine politisch-soziale Umsturzbewegung organisiert, er hat das Reich Gottes, das ohne unser Zutun kommt, angekündigt und von daher zur Umkehr der Herzen, nicht zum Umsturz der Verhältnisse aufgerufen. Wie seine Hinrichtung als Aufrührer ein Justizmord war, so war auch die Verfolgung der christlichen Gemeinden als staatsfeindlich ein Irrtum; denn diese Gemeinden dachten trotz ihrer Verweigerung des Kaiseropfers nicht daran, die Obrigkeit anzugreifen, sie waren den Gesetzen gehorsam, ließen Eigentum und Sklaverei bestehen und respektierten die Behörden.

Dies alles ist unbestreitbar, erreicht aber noch nicht die

eigentliche Frage. Nicht ob die Urchristenheit eine Art Spartakus-Bewegung gewesen sei, sondern ob ihre *Botschaft* revolutionär war, also auf eine revolutionäre Diesseitsveränderung ging und ob diese revolutionäre Veränderung wenigstens ansatzweise im *Leben* der Urchristenheit schon stattfand, exemplarisch für alles spätere Leben aus dieser Botschaft – das ist die Frage.

Aus dieser Fragestellung schon wird deutlich, wie das Wort *revolutionär* aufzufassen ist. Wer bei diesem Worte zuerst und nur an gewaltsamen Umsturz und an einen historischen Termin – den 14. Juli 1789 oder den Oktober 1917 – denkt, der befindet sich, auch wenn er Minister, Bischof oder Abgeordneter ist, tief unter dem Niveau, auf dem heute über den Begriff der Revolution zu verhandeln ist. Von *Revolution* im ernsten und diskutierbaren Sinne des Wortes sollten wir sprechen nur bei einer grundlegenden Veränderung eines Lebensgebietes – der Wissenschaft, der Sexualmoral, der militärischen Technik, der politischen Machtverhältnisse, der Eigentumsverhältnisse – oder auch aller Lebensgebiete miteinander. Eine Veränderung ist dann eine Revolution, wenn sie ein Lebensgebiet in seiner gesamten Struktur mit allen menschlichen Verkehrsformen, die ihm eigen sind, verändert, und zwar – diesen fortschrittlichen, qualitativen Sinn wollen wir gleich hinzufügen – in humanisierender Richtung. Ob dabei Blut fließt oder nicht, ob die Veränderung schlagartig in einem kurzen Zeitraum oder in einem längeren Prozeß erfolgt, ist dabei *nicht* wesentlich.

Verwenden wir das Wort »Revolution« in diesem Sinne, dann ist sofort klar: Jesu Verkündigung des nahe bevorstehenden Reiches Gottes ist die Ankündigung der bald hereinbrechenden großen Revolution. Wenn überhaupt auf irgendein Ereignis das Wort Revolution anzuwenden ist, dann auf dieses: Eine totale Umwälzung der Machtverhältnisse; denn nun tritt an die Stelle der Herrschaft menschlicher Interessen und menschlicher

Machtgier das Herrschen Gottes. Eine totale Umwälzung der Eigentumsverhältnisse: »Die Hungrigen füllt er mit Gütern und die Reichen macht er leer« (Luk. 1,53). Eine völlige Umwälzung der Wertordnung: »Wer unter euch groß sein will, der sei der Diener für alle« (Mark. 10,43). Eine gänzliche Beseitigung der starren Regelungen durch menschliche Gesetze: »Sie werden nicht freien oder sich freien lassen... sondern ihm (Gott) leben sie alle« (Luk. 20,35.38).

So könnte man noch lange mit der Aufzählung der verschiedenen Aspekte dieser Revolution des Reiches Gottes fortfahren. Wichtig für unseren Zusammenhang ist Folgendes:

Jesu Verbindung der Reich-Gottes-Ankündigung und des darin begründeten Rufes zur Metanoia besagt: Das Reich Gottes besteht – nicht nur, aber wesentlich auch – in einer neuen Lebensweise der Menschen, und diese Lebensweise soll und kann jetzt schon vorwegnehmend, antizipatorisch vollzogen werden. Jetzt schon nur noch der Lebensweise des Reiches Gottes entsprechend zu leben – freilich noch unter den Bedingungen der alten, noch nicht revolutionierten Welt –, ist angesichts der bevorstehenden Revolution das einzig Vernünftige, Zukunftsträchtige, und durch diese Antizipation des Reich-Gottes-Lebens wirkt die heranrückende Revolution jetzt schon revolutionierend in das alte Lebenssystem herein. Die Herrschaft Gottes ergreift durch das Mittel ihrer Ankündigung jetzt schon Menschen der alten Welt und macht sie zu subversiven Gruppen, zu Verfassungsfeinden dieser alten und zu Lebenszeugen der neuen Welt. »In seinen Jüngern«, schrieb Hans *Windisch* 1931[4], »schaffte Jesus eine Gemeinschaft, die auf entgegengesetzten Prinzipien steht«, als sie dem römischen Staat und der antiken Gesellschaft eigen waren.

---

4 Imperium und Evangelium im Neuen Testament, 20.

In der neutestamentlichen Forschung ist der eigenartige Tatbestand diskutiert worden, daß in der urchristlichen Sprache der Zentralbegriff Jesu, das »Reich Gottes«, nahezu verschwindet. Nur in den evangelischen Berichten über die Verkündigung Jesu wird er als Zentralwort Jesu aufbewahrt. Weshalb hat man ihn nicht weiter verwendet? Fand man Jesu Verkündigung zu kühn? Machte man resigniert das Reich Gottes zu einer fernen Utopie ohne verändernden Einfluß auf die Gegenwart? Wollte man den Gegensatz Jesu und seiner Jünger zur gesellschaftlichen Umgebung abschwächen und sich dieser Umgebung anpassen? Die Diskussion in der Forschung hat ergeben, daß jener Tatbestand nicht so erklärt werden darf. Vielmehr schaut die Urgemeinde auf Kreuz und Auferstehung Jesu zurück als auf das Hereinbrechen des von Jesus angekündigten Reiches Gottes, auf das Anheben der großen Weltrevolution und spricht deshalb jetzt nicht mehr vom kommenden Reich, sondern vom gegenwärtig wirkenden *pneuma,* von dem das Leben jetzt verändernden Geiste des Reiches Gottes.

Um es in den von mir hier verwendeten Begriffen zu sagen: In Jesu Kreuz und Auferstehung geschieht die große Jenseitsveränderung, bestehend darin, daß – wie Paulus sagt (2. Kor. 5,18 f) – Gott in Christus die Welt mit sich vertauscht und ihr ihre Feindschaft nicht mehr zurechnet, und diese vertikale Jenseitsveränderung schafft die horizontale Veränderung des diesseitigen Lebens, und zwar eine *gemeinschaftliche Veränderung,* d. h. eine Gruppe, in der man im Sinne des Reiches Gottes zusammenlebt und damit freilich in scharfen Gegensatz zum Leben, zu den Lebensprinzipien und den gesellschaftlichen Regelungen der Umwelt gerät. Die neue Gemeinde sagt mit ihrem Leben der alten Gesellschaft den Tod an, und ihr wird deshalb von dieser Gesellschaft der Tod angesagt – und in dieser Situation des revolutionären Kampfes bedarf sie freilich des Trostes aus der Jenseitsveränderung, der Gewißheit, daß alle Mächte und Gewalten sie nicht scheiden können von der Liebe Gottes, die in Christus wirksam und offenbar geworden ist.

Was das neue Leben ist, kann man sich besonders an den Begriffen der *Bruderschaft* und der *Sohnschaft* verdeutlichen. »*Brüder*« ist eine der Selbstbezeichnungen der ersten Christen, denen der Sektenname »Christen« ja nur von außen angehängt worden ist. Alle Ermahnungen in den apostolischen Briefen sind Anleitungen zum bruderschaftlichen Leben und nicht zur Selbstheiligung des christlichen Individuums, wie infolge des späteren Individualismus der christlichen Tradition die Kommentare es oft darlegen. Zu einem neuen Sozialleben, zur Bildung eines anders lebenden Kollektivs wird hier angeleitet, und zwar aus der schon gegebenen Erfahrung dieses Soziallebens heraus. Die Verfasser der neutestamentlichen Schriften stehen im schon begonnenen, geistgewirkten neuen Sozialleben und wollen es vorantreiben zu mehr Bruderschaft. Dies geschieht in einer Welt, die ebenso eine Rassen- und eine Klassengesellschaft ist wie die unsrige. In ihr ist die neue Gemeinde rassen- und klassenübergreifende Bruderschaft – oder sie ist nicht Gemeinde Jesu.

Was aber heißt hier: rassen- und klassenübergreifend? Die Abschwächung, die die urchristliche Radikalität sich bis heute gefallen lassen muß in der an die alte Welt angepaßten Christenheit, zeigt sich daran, daß man dieses Übergreifen nur als *Versöhnung* im Bereich der gegenseitigen Gefühle versteht. Die durch Schranken der Rasse, Nation und Klasse voneinander getrennten Brüder überwinden ihre gegenseitigen Animositäten und grüßen sich als Brüder in Christus, ohne daß sich an dem realen Getrenntsein etwas ändert. Bestenfalls liturgisch-religiös, d. h. im Gottesdienst und am Abendmahlstisch kommt man real zusammen. Die Versöhnung bleibt im

Gefühlsleben und äußert sich nur in der Freundlichkeit des gegenseitigen Verhaltens samt individueller Hilfeleistungen bei besonderen Notständen, sie bleibt im Bereich der humanen Relationen, der Privatbeziehungen.

Das ist nur noch ein schwacher Abglanz der urchristlichen Radikalität, und für ihn ist bezeichnend, daß die realen Verhältnisse dadurch nicht in Frage gestellt, sondern bestenfalls nur erträglicher gemacht, damit aber gerade stabilisiert werden; erfreuliche Folge für den, der oben steht und von diesen Verhältnissen profitiert. Er profitiert nun auch von dieser Verbesserung der menschlichen Beziehungen, sofern dadurch die Gefahr der Empörung von unten beseitigt und sein eigenes schlechtes Gewissen über die reale Unrechtssituation beruhigt wird. Es ist Versöhnung mit dem Bestehenden und im Interesse des Bestehenden, Ersatz von Bruderschaft statt realer Bruderschaft.

Rassen- und klassenübergreifende Bruderschaft im neutestamentlichen Sinne heißt aber: reales Zusammenleben in realer Gleichberechtigung, also in einer neuen klassenlosen Gesellschaft. Ein zum Rechtssystem verfestigtes Unrechtssystem wird aufgebrochen. *Paulus* sagt (Gal. 3,28): »Da ist nicht Jude noch Grieche, nicht Sklave noch Freier, nicht männlich, noch weiblich; denn ihr alle seid einer in Christus Jesus«, und entsprechend steht Kol. 3,10 f: »Ihr habt den neuen Menschen angezogen, der erneuert ist zur Erkenntnis nach dem Bilde seines Schöpfers: nicht mehr Grieche oder Jude, Beschneidung oder Unbeschnittenheit, Barbar, Skythe, Sklave, Freier, sondern alles und in allen Christus.« Diese Verse nennen nicht einfach Unterschiede von Gruppen, über die hinweg man sich nun als religiöse Gemeinschaft im Glauben und Gebet geeinigt fühlt, sondern lauter reale Privilegierungen und Benachteiligungen: der Jude ist religiös bevorrechtet vor dem Griechen, der Grieche steht in Bildung und Kultur über dem Barbaren, die Frau ist dem Manne und erst recht der Sklave dem

Herrn unterworfen und preisgegeben. Diese Ungleichheiten der Rechtsstellung und der Chancen sind nun »in Christus« aufgehoben. Dieses »in Christus« bedeutet aber, wie Paulus in seinem Brief an Philemon (V. 16) klarstellt, zugleich »im Fleische«, d. h. im realen, alltäglichen, äußeren Leben. Im Zusammenleben der Gemeinde gibt es keine Vorrechte, gilt der Barbar, der Sklave, die Frau genau soviel wie der draußen in der Gesellschaft Privilegierte, und dieser Privilegierte enteignet sich selbst unter dem Einfluß des neuen Geistes, indem er von seinem ganzen Besitz an Gütern und Privilegien nicht mehr selber profitiert, sondern ihn zum Profit seiner benachteiligten Brüder macht, ihn für sie einsetzt, um ihnen in den Schädigungen ihres benachteiligten Lebens zu helfen. Wie Lukas vom Urkommunismus der Jerusalemer Gemeinde berichtet: »sie hatten alles gemein«, und »keiner unter ihnen darbte« (Apg. 4,32.34).

Brüder sind sie, weil sie alle *Söhne* sind, Söhne Gottes. Paulus definiert (Gal. 4) Sohnschaft als geistgewirkte Mündigkeit, als Freiheit zur Selbstbestimmung; das Unterworfensein unter von außen gegebene Buchstaben- und Repressionsgesetze ist abgetan. Modern ausgedrückt: Der Mensch wird als autonomes Subjekt installiert. Freiheit ist das eine Grundwort der Söhne und Liebe das andere, weil sie als Söhne des gleichen Vaters Brüder sind. Liebe gibt es nur in Selbstbestimmung, und Selbstbestimmung geschieht nur in Liebe; denn wo ein Mensch sich egoistisch bestimmt, ist er nicht frei, sondern Sklave seiner Interessen, seiner Angst, lebt er in Todesbeziehung, nicht in Lebensbeziehung.

Alle apostolischen Ermahnungen appellieren an diese Freiheit, an dieses Subjektsein des Menschen, sei er nun Barbar, Sklave oder Frau. Anschaulich wird das an den *Heilungsgeschichten* des Neuen Testaments. Sie zielen alle darauf, daß Menschen, die in ihrer Selbstentfaltung und Selbstbestimmung durch körperliche Leiden oder

durch Dämonenbesessenheit eingeschränkt sind, auf die
Füße gestellt und zu realen Subjekten ihres Lebensvoll-
zuges gemacht werden. »Gold und Silber habe ich
nicht«, sagt Petrus zu dem elenden lahmen Bettler an
der Tempelpforte (Apg. 3,1–10). Ein heutiger Ausleger
wundert sich darüber, weil Petrus doch dank jenes Lie-
beskommunismus in der Lage gewesen wäre, dem Bettler eine reichliche Unterstützungssumme zuzuweisen.
Aber es geht nicht um Almosen, die die Bettlersituation
nicht grundsätzlich verändern – das ist die Reduktion
traditioneller christlicher Caritas, die die Welt unver-
ändert läßt –, es geht darum, daß Menschen aus der Pas-
sivität des Abhängigen herauskommen in die Aktivität
dessen, der selbst etwas tun kann. »Was ich habe, gebe
ich dir: Im Namen Jesu, des Nazoräers, stehe auf und
wandle! . . . Und er sprang auf, stellte sich hin und wandelte und ging mit ihnen in den Tempel hinein, in dem
er wandelte und sprang und Gott pries.«[5]
Das ist Pneuma, das ist Reich Gottes: Wiederherstellung
des Ebenbildes Gottes, Wiederherstellung der Menschheit, wie Gott der Schöpfer sie gedacht hat: eine herr-
schaftsfreie Familie in Freiheit, Gleichheit und Brüderlichkeit, der Mensch als verantwortliches Subjekt in brü-
derlicher Sozialität. Diese Vision und ihre diesseitige
Realisierung gehören ins Innerste des christlichen Glaubens. Wie untrennbar hier Glaube und Sozialgestaltung,
Heil der Seele und Wohl des Nächsten, Jenseits- und
Diesseitsveränderung zusammengehören, zeigt die un-
scheinbare Bemerkung des Lukas in seiner schon erwähnten Schilderung des urchristlichen Kommunismus:
»Mit großer Dynamik«, schreibt er, »gaben die Apostel
das Zeugnis von der Auferstehung des Herrn Jesu«
(Apg. 4,33). Dieser Satz ist eingerahmt von der Schilderung, wie damals keiner gesagt habe: »das gehört

5 Vgl. B. Wielenga, Vom aufrechten Gang des armen Lazarus, in:
Junge Kirche (34) 1973, Heft 12, 726 ff.

mir«, sondern sie »alles gemein« hatten, und von der Feststellung, daß keiner mehr in der Gemeinde Mangel leiden mußte. Die Jenseitsveränderung des Sieges über den Tod wirkt sich dynamisch aus als Sprengung der diesseitigen Fesseln des Privateigentums. Auferstehung von den Toten heißt *auch*: der Bruder wird materiell auf die Füße gestellt, und der Privilegienbesitzer enteignet sich selbst zugunsten dieser neuen Familie, deren Glied er durch den Geist der Auferstehung geworden ist. Hat die Dynamik des Auferstehungszeugnisses nicht mehr diese materielle Dimension, sondern nur noch eine spirituelle, dann ist das Zeugnis halbiert und also häretisch nach der alten Definition von Häresie als Beschränkung der Botschaft auf einen Teil.

Bei einem heutigen Ausleger – er stellt damit übrigens die Regel, nicht die Ausnahme unter den Auslegern dar – liest man zu der erwähnten Stelle Kol. 3,11 die nachdrückliche Bemerkung, jene Aufhebung der gesellschaftlichen Unterschiede gelte nur »in der Kirche«. Hans *Conzelmann* schreibt: »In der neuen Schöpfung sind die innerweltlichen Unterschiede zwischen Völkern, Rassen, Kulturen, sozialen Ständen, Religionen, Geschlechtern aufgehoben (vgl. 1 Kor. 12,13; Gal. 3,28). Diese Aussage hat nichts mit der modernen Idee der Gleichheit aller Menschen zu tun. Sie setzt gerade die ›natürliche‹ Ungleichheit voraus. Die Unterschiede werden nicht bestritten; sie sind aber durch einen bestimmten Akt an einem bestimmten Ort aufgehoben. Man muß die strenge Bestimmung beachten: *Hier* sind sie nicht mehr vorhanden, nämlich in der Kirche ... In diesem Raum sind wir nichts mehr als Glieder dieses Leibes.«[6]

Es lohnt sich, bei dieser Auslegung einen Augenblick zu verharren, weil sie ein Musterbeispiel für die Spiritualisierung des Evangeliums ist, d. h. für die – dem Verfas-

---

6 Der Kolosserbrief, in: Das Neue Testament Deutsch, Bd. 8, 1965, 151 f.

ser vermutlich nicht bewußte – Bemühung, durch eine Auslegung, die das Leben in der Kirche ganz vom Leben in der Gesellschaft abtrennt, die irdische Folgenlosigkeit des Evangeliums, das Unbedrohtsein der bestehenden Gesellschaft durch das Evangelium zu garantieren. Deshalb sogleich die Versicherung, das Textwort habe »nichts mit der modernen Idee der Gleichheit aller Menschen zu tun«; denn diese Idee ist tatsächlich eine revolutionäre Potenz, die heute alle traditionellen Gesellschaften auf dem Erdball unterwühlt. Daß sie »nichts« mit dem Christentum zu tun habe, ist eine absurde Behauptung, die der Kommentator nicht lange im Ernst aufrecht erhalten kann. Jene Idee ist nicht zufällig auf europäischem Boden entstanden; sie konnte geschichtskräftig werden nur in einem Raume und von einem Raume aus, der durch die Bibel und die christliche Predigt von der Gleichheit aller Menschen vor Gott bestimmt worden war. Christliche Apologetik pflegt zweispurig zu verfahren: Geht es darum, die Fortschrittlichkeit des Christentums zu beweisen, dann pflegt man den Zusammenhang des Neuen Testamentes mit humanistischen Ideen zu unterstreichen; rütteln diese Ideen aber an der gegenwärtigen Gesellschaftsordnung, dann beeilt man sich mit der Bestreitung jedes Zusammenhangs.

Dafür muß man aber die moderne Gleichheitsidee entstellen und zugleich die Pointe des Textes verschleiern. Kein neuzeitlicher Vertreter der »Gleichheit aller Menschen« hat je die Faktizität der »natürlichen Ungleichheit« bestritten; das wäre ja unsinnig gewesen. Diese natürliche Ungleichheit wird, soweit sie nur aus den Unterschieden der Hautfarbe, der Sprache, der kulturellen und nationalen Eigenart, der geschlechtlichen Verschiedenheit und der Verschiedenheit der individuellen Charaktere besteht, nicht einmal weggewünscht. In ihr besteht ja der Reichtum des menschlichen Lebens. Deshalb ist auch nicht einzusehen, wieso diese Unterschiede »in der neuen Schöpfung ... aufgehoben« werden sollen, und worin diese Aufhebung denn eigentlich bestehen solle.

Was aber in der Tat aufgehoben wird in der neuen Schöpfung, wird sofort klar, wenn die Pointe des Textes besser erfaßt wird: es geht nicht um die Aufhebung »innerweltlicher Unterschiede« als solcher, sondern um die Aufhebung der Bevorrechtungen und Benachteiligungen, die aus diesen Unterschieden resultieren. Daß Menschen z. B. wegen Hautfarbe oder Herkunft oder Geschlecht geringere Rechte oder gar kein Recht haben sollen, das ist eine Entstellung von Gottes Schöpfung, und das wird in der »neuen Schöpfung« aufgehoben. Eben um die Gleichberechtigung aller unter sich ungleichen Menschen geht es auch bei jener »modernen Idee der Gleichheit aller Menschen«, und deshalb hat die vom Neuen Testament festgestellte Gleichberechtigung aller Gemeindeglieder »in der Gesellschaft« und die Gleichberechtigung aller Menschen vor dem Gesetz, wie sie z. B. das Grundgesetz der Bundesrepublik Deutschland (Art. 3) vorschreibt, nicht etwa »nichts«, sondern sehr viel miteinander zu tun.

Diese Art von Trennung zwischen dem »Raum« der Kirche und dem Raum außerhalb der Kirche ist ja sowohl theoretisch wie praktisch unmöglich. Kann jemand im Einklang mit dem christlichen Glauben bleiben und zugleich wünschen und politisch anstreben, daß sein Bruder, mit dem er »in der Kirche« gleichberechtigt zusammenlebt, draußen wegen seiner Hautfarbe und seiner Familie eine schlechtere Krankenversorgung und schlechtere Bildungschancen hat, vor Gericht schlechter gestellt ist, für gleiche Leistung schlechter bezahlt wird? Konnten wir 1933–1945 sagen: »Hier ist nicht Jude oder Arier« – dies aber nur »in der Kirche«, ohne auch draußen gegen die Entrechtung der Juden zu kämpfen? Kann man »in der Kirche« Apartheid »aufheben« und außerhalb der Kirche Apartheid einführen? Südafrika zeigt, daß man es nicht kann. Entweder was in der Kirche geschieht, wirkt nach außen, bewirkt auch dort Gleichberechtigung – oder was draußen geschieht, wirkt herein in die Kirche und zerstört auch hier die Gleichberechtigung. Entweder die Kirche wirkt mit ihrem neuen Leben offensiv hinaus auf die Gesellschaft, oder ihr neues Leben, wenn sie es nur als innerkirchliche Spezialität ohne Folgen nach draußen versteht, wird von der Macht der Ungleichheitsgesellschaft auch »in der Kirche« zersetzt und reduziert auf eine bloß erbauliche Behauptung, der die Wirklichkeit täglich widerspricht. Diese Trennung zwischen Drinnen und Draußen ist eine Schizophrenie, hinter der das Interesse steht, das Evangelium möge die bestehenden Ordnungen, die doch im Lichte von Gottes Schöpfung Unordnungen sind, unangetastet lassen.

Unterstützt wird die zitierte Auslegung freilich von der – wie gesagt, unbestreitbaren – Tatsache, daß Jesus und die Urgemeinde und Paulus nicht sozialrevolutionäre Organisationen und Aktionen zur Veränderung der sie umgebenden Gesellschaft unternommen haben. So wenig man sich sonst in unseren veränderten Verhältnissen das Urchristentum zum Vorbild nimmt, – hier wird es auf einmal als Vorbild für ein unpolitisches Evangeliumsverständnis, auf das man sich eifrig beruft, tauglich.

Aber was auch im einzelnen die Gründe für die unpolitische Haltung der ersten Christen gewesen sein mögen – Balderwartung der Wiederkunft Christi und des Endes dieser Welt, Winzigkeit und Ohnmacht dieser Gemeinden –, ihre »unpolitische« Haltung darf nicht hinwegtäuschen über das politische Faktum von höchster gesellschaftskritischer Relevanz, das diese Gemeinden mit ihrer bloßen Existenz bedeuteten. Dies war ihnen durchaus bewußt. Sprachen sie von der »argen Welt«, dann meinten sie diese konkrete spätantike Gesellschaft mit Sklaverei, Massenelend und kolonialer Ausbeutung. Ihren Lebensformen und Werten sahen sie den Willen Gottes, das Reich Gottes, die Auferstehung von den Toten sich entgegensetzen. Darum brachen sie mit den sie umgebenden Lebensformen und Wertsetzungen und leuchteten, wie Paulus sagt (Phil. 2,15), als Gottessöhne »inmitten dieses ungeschlachten und verkehrten Geschlechts ... wie Lichter«. Sie machten nicht mit, was alle machten, und hielten sich fern von den systemerhaltenden Machtorganen dieser Gesellschaft, von Justiz, Polizei, Militär und Regierung. Sie repräsentierten eine ganz andere Gesellschaft, weil der Schöpfer des Lebens eine ganz andere Gesellschaft will. Um das Deutlichwerden des Gegensatzes zwischen der gottgewollten Menschengesellschaft und der unmenschlichen Gesellschaft, die sie umgab, waren sie besorgt, nicht um die Erhaltung dieser »argen Welt«.

Aber sie wanderten auch nicht aus ihr ins Kloster aus wie die gleichzeitigen Essener. Die Insel der neuen Gesellschaft mauerten sie nicht ab gegen die alte, arge Welt. Jeder Christ lebte nicht nur in der Gemeinde, sondern gleichzeitig draußen als Teilhaber an unmenschlichen Gesellschaftsstrukturen, z. B. als Sklave oder Sklavenbesitzer. Daran zeigt sich, daß das von jenem Ausleger behauptete nur »in der Kirche« eine halbe Wahrheit ist und ohne realen Sinn. Sollte dem Gemeindeglied, das als freier Civis Romanus in der Gemeinde brüderlich mit Sklaven lebte, gleichgültig sein können, was diesen Sklaven draußen Entsetzliches widerfuhr, wenn sie krank wurden oder in die KZs verkauft, die damals Bergwerk oder Galeere oder Latifundium hießen? Aus der Bibel wußten sie, daß der lebendige Gott nicht will, daß Menschen Sklaven, Objekte, passive Werkzeuge von Menschen seien. Damit stand ihr ganzes neues Leben gegen eine fundamentale Struktur ihrer Gesellschaft, gegen die Sklaverei und, wie Lukas zeigt, gegen die Privilegierung durch Privateigentum, um nur diese beiden zu nennen. Waren sie ohnmächtig, diese Strukturen draußen abzuschaffen, und nur mächtig, sie innerhalb der Gemeinde und also unzulänglich, nur partiell aufzuheben, so mußten sie doch ihre totale Beseitigung wünschen. Was sie dazu beitragen konnten, war ihr Einfluß auf diese Gesellschaft, mochte er vorerst auch noch so begrenzt sein. Sie wußten sich berufen, Salz, Licht und Sauerteig für ihre Umgebung zu sein, d. h. in ihr humanisierend im Sinne des Humanismus Gottes zu wirken, Geschmack an neuen, brüderlichen Lebensformen und Wertsetzungen auch nach draußen zu vermitteln. Sie waren nicht eine aristokratische, sondern eine plebejische Bewegung mit einer Frohbotschaft, einer Befreiungsbotschaft für die Armen, für die geschundene Plebs; ihr Herr war im Stall geboren, hatte wie unzählige andere nichts, wo er sein Haupt hinlegte, und wurde auf die schimpfliche Weise umgebracht, die man für Sklaven und Angehörige der Kolonialvölker ausgedacht hatte. Wer aus den besseren Kreisen sich ihnen anschloß, begab sich damit von seiner Klasse weg zu den Deklassierten, bekam in der Solidarität mit der Plebs die Welt von unten zu sehen, wie er sie bisher nicht gekannt hatte, und mußte seinen Privilegienbesitz von denen da unten als Mitbesitz in Anspruch nehmen lassen.

Das Programm der Diesseitsveränderung

Kein Zweifel: Breitete sich diese Bewegung aus, dann *mußte* sie die bestehende Gesellschaft unterwandern und ihre Herrschafts- und Besitz-Strukturen aushöhlen, um sie schließlich ganz zu beseitigen. »Die Christen leben in ihren Städten wie Fremdlinge; sie gehorchen den Gesetzen, aber sie überwinden diese Gesetze«, heißt es in dem frühchristlichen Diognetbrief. Gab ihnen ihr wachsender Einfluß eines Tages auch Einfluß auf die Gesetzgebung, so mußten sie ihn ausnützen für bessere Gesetze, für Abschaffung von Strukturen, die der Erhaltung von Privilegien dienten und den gottgewollten aufrechten Gang

der Menschen hinderten. Maxima caritas lex (die größte Liebe ist ein Gesetz) – ihre Caritas konnte sich gar nicht auf die Humanisierung der human relations beschränken; sie mußte zum Ziel haben, die Gesellschaft zu revolutionieren, »alle Verhältnisse umzuwerfen, in denen der Mensch ein erniedrigtes, ein geknechtetes, ein verlassenes, ein verächtliches Wesen ist« (K. Marx). Das war ihr ihnen vom Reich Gottes, von der Auferstehung der Toten gesetztes Programm der Diesseitsveränderung.
Dazu ist sogleich anzumerken:

1. »Programm« meint hier soviel wie Auftrag und Zielsetzung, vergleichbar etwa dem Kampfauftrag, den beim Militär ein übergeordnetes Kommando einer Einheit zu Beginn einer Offensive gibt. Das Evangelium gibt kein Programm dafür, *wie* diese plebejische Revolutionierung der Gesellschaft durchzuführen ist. Die Frage der Methode, der Strategie und Taktik, der Gestalt der neuen Gesetze und Strukturen überläßt es unserer von der Liebe geleiteten Vernunft. Hier gibt es Freiheit der Wahl je nach der Kraft der Argumente, hier hat der vernünftige Streit seinen Platz. Aber Auftrag und Ziel stehen für die Gemeinde Jesu nicht zur Wahl; hier gibt es nur Treue oder Untreue. »Richtung und Linie« (wie *Karl Barth* zu sagen pflegte) sind für ihre politisch-soziale Einwirkung auf die Gesellschaft festgelegt.

2. Es geht um die gesellschaftspolitische Dimension der Metanoia, des neuen Lebens aus dem Reiche Gottes, aber unter den Bedingungen der »noch nicht erlösten Welt« (Barmen V), d. h. der Welt, in der das Pneuma Jesu Christi, der Geist des Reiches Gottes schon im Wirken ist, aber noch nicht durchgedrungen ist, noch im Kampfe liegt mit den kräftig sich widersetzenden Mächten der Konterrevolution der alten Welt. Das bedeutet: a) Kein Zustand, den wir hier herstellen können, wird das Reich

Gottes sein, sondern bestenfalls, wie *Karl Barth* sagt, ein Gleichnis für das Reich Gottes, eine immer noch sehr unvollkommene, unreine Entsprechung zum Reiche Gottes. Auch der bestmögliche Zustand, den wir erreichen können, liegt immer noch diesseits, nicht jenseits der Macht von Sünde und Tod, die Gott allein aufheben kann. b) Das Gebiet der Gesellschaft, auf dem die Gemeinde Jesu ihren Einfluß einsetzt, ist das Gebiet menschlicher Regelung und Gesetzgebung. Gesetzgebung ist eine Frage der politischen Macht. Das Verwickeltwerden in den Kampf um die politische Macht werden die Jünger Jesu nicht scheuen dürfen, und gerade angesichts der hier drohenden Versuchungen ist die Bitte um den Beistand des heiligen Geistes unerläßlich, um Methoden und Mittel des politischen Kampfes ständig dem Kriterium des Auftrages und des Ziels zu unterwerfen.

3. Die Gemeinde Jesu hat nicht die Verheißung, daß ihr gelingen wird, einen gerechten, ja auch nur einen gerechteren Weltzustand herzustellen. »Uns ist nicht befohlen zu gelingen, uns ist nur befohlen zu bekennen«, sagt *Luther.* Der Erfolg steht in Gottes Hand. Die Fraglichkeit des Erfolges kann aber kein Argument sein, faul zu werden, d. h. dasjenige Bekennen, das in tätiger Arbeit, im Kampf um die Verbesserung der Gesellschaft besteht, zu unterlassen. Ich erlaube mir, einen mir wichtigen Satz aus meinem Buche »Krummes Holz – Aufrechter Gang« (S. 143) zu wiederholen: »Es kommt darauf an, für den Fortschritt zu kämpfen, ohne aber an ihn zu glauben.«
Diese drei Anmerkungen heben aber nicht auf: das Evangelium ist Programm, Auftrag auch der Gesellschaftsveränderung auf mehr Bruderschaft und mehr Freiheit, auf Mitbestimmung und Selbstbestimmung hin. Auch die Gesetze und Regelungen der Gesellschaft sollen von der Gemeinde durch ihren Einfluß bewegt werden, so weit es nur in jeder Zeit möglich ist, hin auf

Beseitigung von Klassenherrschaft, Ungerechtigkeit, Unfreiheit, auf mehr Demokratie hin, auf mehr Gemeinschaft hin.

Ausbreitung und Anpassung des Christentums

Wir wissen, daß es in der Kirchengeschichte anders gegangen ist. Statt der für bald erwarteten Wiederkunft des Herrn mußte die christliche Gemeinde ihren langen Weg durch die Geschichte antreten. Immer größere Weltverantwortung wuchs ihr mit ihrer zunehmenden Ausbreitung zu. In dreihundert Jahren schon war die christliche Kirche im zerrissenen römischen Reich die einzige stabile überregionale Organisation. Zunehmend aber vollzog sich auch der Verzicht auf die ursprünglich begonnene Diesseitsveränderung. Die Botschaft wurde spiritualisiert zum Jenseitstrost inmitten unangetastet gelassener Verhältnisse. Ausbreitung geriet zur Anpassung. Der Glaube kapitulierte von der scheinbaren Unveränderlichkeit des Diesseits, die doch eine heidnische, nicht eine biblische Lehre war. Mit dem Sieg des Heidentums über das Christentum, den man immer noch einen Sieg des Christentums über das Heidentum zu nennen pflegt, wurde das Christentum zur Staatsreligion und übernahm die traditionelle Funktion der Religion, die bestehenden Verhältnisse als gottgewollt zu sanktionieren, zu verschleiern und zu verklären. Die herrschenden Klassen nahmen die Kirche, ihre Ordnung und ihre Verkündigung in ihre Regie, zogen ihr die noch verbliebenen revolutionären Zähne und verwendeten das Christentum zur Erhaltung dessen, was das Evangelium doch verneint. Daß das Institut der Sklaverei in den christianisierten Völkern und von ihnen nicht beseitigt wurde, sondern nach dreizehn Jahrhunderten kirchlicher Teilnahme am abendländischen Herrschaftssystem noch einmal einen ungeheuren Aufschwung nahm und

in seiner krassen Form erst vor einhundertundfünfzig
Jahren beseitigt und durch die industrielle Lohnskla-
verei ersetzt wurde, ist das deutlichste Zeichen für die
Macht, die heidnisches Privilegiendenken über das Christentum bekam. Der heutige Zustand der Welt, der Gegensatz zwischen dem Wohlstand weißer, christianisier-
ter Industrienationen und dem zunehmenden Verhungern farbiger Völker, ist eine direkte Folge der Zerstörung der eigenen Entwicklung dieser Völker durch den
weißen Kolonialismus, an dem die christlichen Kirchen
beteiligt waren. Der sich verschärfende Klassenkampf
von oben, der Kampf um die Erhaltung des Systems der
Welt-Ausbeutung zu unseren Gunsten hindert alle
durchgreifenden Maßnahmen zur Rettung der gemeinsam gefährdeten Menschen auf dem eng gewordenen
Raumschiff Erde.

Was bedeutet in dieser Lage die Erinnerung an die ursprüngliche Botschaft der großen Diesseitsveränderung
auf Grund der großen Jenseitsveränderung? In seinem
Eröffnungsvortrag zur Weltkirchenkonferenz von Upp-
sala (1968) sagte *Visser't Hooft* den inzwischen berühmt
gewordenen Satz: »Es muß uns klar werden, daß die
Kirchenglieder, die in der Praxis ihre Verantwortung
für die Bedürftigen irgendwo in der Welt verleugnen,
ebenso der *Häresie* schuldig sind wie die, welche die eine
oder andere Glaubenswahrheit verwerfen.« Das bedeutet nichts Geringeres, als daß alle unsere Kirchen, während sie sich gegenseitig Häresie vorwerfen und sich deshalb voneinander abspalten, insgesamt häretisch sind
wegen der Anpassung des Evangeliums an Klassenherrschaft und Ausbeutungssysteme. Die Häresie, um die es
sich hier handelt, hat Papst Pius X. (1903) mit Worten
ausgesprochen, die sich entsprechend in Texten aller
Konfessionen finden: »Die menschliche Gesellschaft, wie
sie von Gott geschaffen ist, besteht aus ungleichen Gliedern... Demnach stimmt es mit der Ordnung der
menschlichen Gesellschaft, wie Gott sie geschaffen hat,

überein, daß es Herrscher und Beherrschte, Arbeitgeber und Arbeitnehmer, Gebildete und Ungebildete, Adlige und Plebejer gibt.«[7]

Der ganz andere Gott
will eine ganz andere Gesellschaft

Häretische Kirchen haben Anteil an der Wahrheit des Evangeliums, können auch Werkzeug des wirkenden Evangeliums sein. Das ist Gott sei Dank in diesen neunzehnhundert Jahren geschehen. Aber es muß auch gesagt werden, daß häretische Kirchen zugleich den Menschen die volle Wirklichkeit des Evangeliums vorenthalten. Das ist ihre Schuld, über die wir hier nicht von oben her richten, da wir ja alle selbst zu diesen Kirchen gehören und die Zeit des nicht-häretischen Christentums, des in seiner Jenseits- *und* Diesseitsdimension ungetrennten Evangeliums noch vor uns liegt.

Immerhin hat das abendländische Christentum die Diesseitsbeziehung des Evangeliums stärker ergriffen als das morgenländische. Eben deswegen wurde es immer wieder geschüttelt von der aufbrechenden Erinnerung an die Radikalität der ursprünglichen Diensseitsveränderung. Die Armut Jesu und seiner Jünger, der Widerspruch der Bergpredigt, der jerusalemische Urkommunismus – dies alles veranlaßte jenen mittelalterlichen Bischof zu der Bemerkung, so oft er das Neue Testament lese, habe er den Eindruck, wir hätten heute eine ganz andere Religion als die Bibel. Das gleiche Empfinden drückt eine mittelalterliche Anekdote so aus: Stolz hat einst ein Prälat dem Thomas von Aquin ein großes Bekken mit Goldstücken gezeigt: »Seht her, Meister Tho-

7 Zitiert bei R. Garaudy, Vom Anathema zum Dialog, in: Garaudy/Metz/Rahner, Der Dialog, rororo-aktuell Nr. 944, 1966, 93.

mas, jetzt muß die Kirche nicht mehr mit St. Peter sagen: ›Gold und Silber habe ich nicht‹.« »Aber«, meinte Thomas, »sie kann auch nicht mehr sagen, was unmittelbar darauf folgt und was sie damals sagen konnte: ›Im Namen Jesu Christi von Nazareth, stehe auf und wandle!‹«

Am kräftigsten klagten die Erinnerung an die ursprüngliche Diesseitsveränderung radikale Gruppen ein, die dafür von der herrschenden Gesellschaft und der herrschenden Kirche, ob katholisch, lutherisch oder reformiert, aufs Grausamste als Häretiker verfolgt wurden: Thomas Müntzer, die Wiedertäufer von Münster, die Täufergruppen, später die Sozialisten – alle jene »unbewußten Reich-Gottes-Bewegungen«, wie Leonhard *Ragaz* sie genannt hat[8].

Der junge *Marx* schreibt einmal: »Das Phantasiegebilde, der Traum, das Postulat des Christentums, die Souveränität des Menschen ... ist in der Demokratie sinnliche Wirklichkeit, Gegenwart, weltliche Maxime.«[9] Eben dies hatte sich im Urchristentum vollzogen. Anfangsweise, ansteckend, im Kampf mit den Fesseln der alten Gesellschaft, noch keineswegs voll gelungen – es geht nicht um Idealisierung der christlichen Anfangsperiode als einer guten alten Zeit! –, aber dynamisch im Gange wurde Bruderschaft und Sohnschaft hier »sinnliche Wirklichkeit, Gegenwart, weltliche Maxime«. Nur wo dies sich vollzieht – und zwar sowohl innerhalb der Kirche wie hinauswirkend als Kampf um die Umwandlung der Gesellschaft aus unmenschlicher Klassengesellschaft zu einer menschenwürdigen, also klassenlosen Gesellschaft –, ist das Evangelium voll gegenwärtig und wirksam. Der ganz andere Gott will eine ganz andere Gesellschaft. Gott, der die Sklaverei nicht will, wurde

8 Das Evangelium und der soziale Kampf der Gegenwart, 1906, 51.
9 Frühschriften, ed. S. Landshut, 188.

Sklave, um die Sklaverei zu zerbrechen und die Sklaven von ihrem Sklavendasein und die Herren von ihrem Sklavenhalterdasein zu befreien. Deshalb kann die Nachfolge der Gemeinde Jesu heute nur darin bestehen, »schwarz zu werden«, wie es James *H. Cone*, der Wortführer der »Schwarzen Theologie« in Amerika, mit uns erschreckender Deutlichkeit sagt, d. h. solidarisch dorthin zu treten, wo heute der schwarze, d. h. der an den Rand, in die Ohnmacht, in neue Formen der Sklaverei, ins Verhungern gedrückte Teil der Menschheit lebt – von dorther, von unten her die gegenwärtige Gesellschaft, auch und gerade unsere darauf beruhende weiße Wohlstandsgesellschaft anzusehen und den Kampf dieses unterdrückten Teiles der Menschheit um Befreiung an unserem Orte mitzukämpfen. Denn, um es mit *Nikolai Berdjajew* auszudrücken, mein eigenes Brot und meine eigene äußere Freiheit ist keine Heilsfrage, aber das Brot und die Freiheit meines Bruders ist eine Heilsfrage.

Ich schließe, um damit meine bayerische Heimatkirche zu grüßen, mit Worten eines entschiedenen Christen des 19. Jahrhunderts, der damals die gesellschaftlich nötige Diesseitsveränderung zwar noch nicht so scharf sehen konnte, wie es uns heute möglich und geboten ist, der aber das Evangelium schon deutlich als Auftrag zum Dienst auch am leiblichen diesseitigen Dasein erkannte, nämlich mit mahnenden Worten von *Wilhelm Löhe:* »Das ist ja eben der Jammer, daß sich die Wahrheit fürchtet hervorzutreten, und daß man den Verhältnissen weit mehr Rechnung trägt als der heiligen Pflicht, sie zu ändern und zu bessern.«[10]

---

10 Gesammelte Werke, 5. Band, II, 843.

SOZIALISMUS IM CHRISTENTUM?
ZUM BEISPIEL: HELMUT GOLLWITZER

Gollwitzer Es ist, was die Älteren schwer verstehen, wohl kaum in einer Zeit der Menschheit oder selten so schwer gewesen, ein junger Mensch zwischen zwanzig und dreißig Jahren zu sein wie heute: heute, in dieser fürchterlichen Lage der Menschheit und bei diesen Zukunftsdrohungen. Mit diesen jungen Leuten, die sich über die eigene Nasenspitze und Karriere hinaus Gedanken machen, die überlegen, was in der Gesellschaft geschehen muß, damit die Menschheit überlebt und damit sie anders lebt, mit diesen Menschen fühle ich mich aufs engste verbunden, das vor allem ist meine Gemeinde.

Helmut Gollwitzer, Professor an der Freien Universität Berlin, führender protestantischer Theologe. Freund und väterlicher Berater der studentischen Protestgeneration von 1968. Verfasser aufsehenerregender Thesen zum Thema »Christentum und Sozialismus«. Helmut Gollwitzer ist für viele ein Stein des Anstoßes.

Worauf es mir und Leuten, die wie ich das Evangelium erfahren, ankommt, ist folgendes: Es gibt christliche Gruppen, die vorandrängen, die sich politisch engagieren. Sie engagieren sich für die Überwindung der Klassengesellschaft, für die Dritte Welt, für ein revolutionäres Christentum im Blick auf eine neue Gesellschaft, die nicht das Reich Gottes sein wird, aber die im Verhältnis zum Reich Gottes unsere irdische bessere Antwort auf der gesellschaftlichen Ebene sein wird, unsere christliche politische Antwort.

Helmut Gollwitzer, beunruhigendes Beispiel eines politischen Christentums schlechthin. Wir wollen in diesem Porträt der Frage nachgehen, wie sich christlicher Glaube und sozialistisches Engagement miteinander vertragen und ob am Ende das Evangelium durch den Sozialismus ersetzt wird. Wir wollen die kritische Frage stellen, ob diese Verbindung nicht ein Widerspruch ist und wie es überhaupt zu einer solchen Einstellung kommen kann.

Ich bin der Sohn eines evangelisch-lutherischen Pfarrers in Bayern, und damit sind sowohl meine ersten politischen wie überhaupt meine ersten Lebenserfahrungen – auch religiösen Erfahrungen – umschrieben: das Leben in einem Landpfarrhaus, mit Eltern, die ihr Christentum sehr ernst nahmen, die ganz selbstverständlich, ohne es zu wissen, ein politisches Christentum gelebt haben: Mein Vater war konservativer Theologe und gleichzeitig selbstverständlich streng national, was hieß, rechts, königstreu, das Militär bejahend.

Ein deutsch-nationales, konservatives Pfarrhaus ist für die Zeit vor 1933 nichts Ungewöhnliches. Zwischen diesem Milieu und Gollwitzers heutiger gesellschaftspolitischer Haltung scheinen Welten zu liegen. Der dauernde Umgang mit den Studenten, seit der Mitte der sechziger Jahre sein intensives Bemühen um ein Verständnis jener berüchtigten »radikalen Minderheit«, sein nachdrückliches Fragen nach den Gründen der scheinbar revolutionären Lage an den Universitäten – all das hat Gollwitzer im Urteil bestimmter Presseorgane zum vermeintlich geistigen Vater von Aufstand und Gewalt werden lassen. Gollwitzer – so heißt es seit 1968 immer wieder in manchen Zeitungen – tritt für die »Anarchisten«, »Terroristen« und andere Gegner unserer Gesellschaft ein, ja – man rückt im Frühsommer 1972 den Theologieprofessor sogar in die Nähe der Baader-Meinhof-Gruppe. Gollwitzer hat sich immer wieder deutlich und scharf von linksextremistischem Terror distanziert, aber die Verleumdungskampagne ist bis heute nicht zur Ruhe gekommen.
In allem, was Gollwitzer in den letzten fünf Jahren schrieb und sprach, ging es vorrangig um ein besseres

Verständnis der studentischen Unruhen. So betont der Theologieprofessor zum Jahreswechsel 1968 im »Berliner Tagesspiegel«, auch er leide als Hochschullehrer an den Zumutungen dieser Generation.

Aber er sei froh, daß sich endlich einmal eine junge deutsche Generation nicht auf Nationalismus und militärischen Drill hin bewege, sondern radikaldemokratisch und humanitär denke.

Gollwitzer selbst hat schon 1933 in der Bekennenden Kirche erfahren, was es heißt, in einer politisch zugespitzten Situation zu seinem Wort zu stehen.

Für uns Junge – ich war damals 24 bis 25 Jahre – war ähnlich wie heute für junge Christen die Kirche der schwerste Brocken, den man schlucken mußte, wenn man Christ war und gar Pfarrer werden wollte. Diese empirische Kirche empfanden wir als etwas schrecklich Verholztes, Evangeliumsfremdes. Demgegenüber war für uns junge und für die nachkommende Theologiestudentengeneration und für die Generation von jungen Christen das Erlebnis der Bekennenden Kirche zum ersten Mal ein positives Erlebnis von Kirche. Wir fanden Heimat in einer Kirche, nämlich in dieser oppositionellen Gruppe. Das hat uns wahrscheinlich auf sehr lange hinaus geprägt. Wir erlebten Kirche als eine besondere Gruppe, nicht als diese verwaschene Volkskirche, als eine militante Gruppe, bei der zu sein bedeutete, den Kopf hinzuhalten und das Leben zu riskieren.

Kaum eine theologische Veröffentlichung Gollwitzers, die nicht jenen oppositionell-politischen Geist widerspiegelt: sei es zur Entwicklungs- und Friedenspolitik, seien es seine Predigten oder Sammlungen theologischer und ethischer Schriften.

Die Bibliographie Gollwitzers umfaßt heute mehrere hundert Titel: von der Gottesfrage über die Sinnproblematik bis hin zu den Marxismus-Studien. Daneben zahlreiche Kleinartikel und Vorworte.

Aber immer wieder sind es die aktuellen politischen Fragen, die hervorstechen. Typische Beispiele: eine viel-diskutierte Rede auf dem Kirchentag in Stuttgart 1952: »Was geht den Christen die Politik an?« Oder ein Vor-trag gleich nach der Rückkehr aus Rußland: »Der Christ zwischen Ost und West«.
Der größte Bucherfolg Gollwitzers war sein Buch: »Und führen wohin du nicht willst«, ein Bericht über die rus-sische Kriegsgefangenschaft. Gollwitzer war bis 1950 in verschiedenen Arbeitslagern der UdSSR Kriegsgefange-ner; eine entscheidende Begegnung mit dem Stalinismus.

Meine Frage bei der Rückkehr aus der Gefangenschaft nach der Kenntnisnahme der russischen Situation war folgende: Gibt es eine Reform des Kapitalismus? Ein Kapitalismus mit menschlichem Antlitz, wie später Dubcek einen Sozialismus mit menschlichem Antlitz entwickeln wollte, – ist das möglich? Die ersten Jahre war ich in dieser Richtung optimistisch.

Dieser Optimismus hielt nicht lange vor. Zunächst als Ordinarius in Bonn, später in Berlin, stellte sich Goll-witzer mit seinen Studenten immer intensiver die Frage nach der politischen Rolle des neuzeitlichen Christen-tums, das weithin als Religion der privilegierten weißen Klasse erscheint.

Sklaven zu Christen machen, wurde erst im 18., in man-chen Gegenden Nordamerikas erst seit Anfang des 19. Jahrhunderts erlaubt. Der Sklavenhandel blühte vom 16. bis zum 19. Jahrhundert. Lange Zeit wurden sie nicht getauft, sondern wie Tiere in völliger Unwis-senheit gehalten. Christsein war ein Privileg der Weißen.

Nach Gollwitzers Meinung stand das Christentum bis-her zu wenig auf der Seite der Opfer der Geschichte. Es habe sich in der Regel gegen die Tendenz des Evange-liums zu wenig um die gesellschaftlich Unterdrückten bemüht.

Gollwitzer glaubt heute immer stärker an die Nähe sozialistischer Ziele zur konkreten biblischen Hoffnung.

Für mich war, als ich zum ersten Mal in den letzten Jahren auch von mir sagte, ich sei Sozialist, das Wort »Sozialist« dabei kein verschwommenes Wort mehr. Sonst wäre es leicht gewesen, das zu sagen. Sozialismus war aber für mich schon ein sehr präzises, also mit sehr viel marxistischen Elementen geprägtes und gefülltes Wort; so war das für mich ein sehr bewußter Schritt.

Was er unter Sozialismus versteht, hat Gollwitzer des öfteren gesagt, zuletzt in seiner kleinen Schrift über »Reich Gottes und Sozialismus bei Karl Barth«. Dort heißt es:

»Sozialismus meint nicht nur einige soziale Reformen, einige Verbesserungen im Rahmen der kapitalistischen Produktionsbedingungen, sondern eine Gesellschaftsverfassung, die allen Gliedern der Gesellschaft den gleichen Anteil am gemeinsam erarbeiteten Sozialprodukt sichert und Produktion und Verteilung der Kontrolle der Produzenten unterwirft, also eine möglichst egalitäre Gesellschaft mit ständigem Abbau der sich ständig herausbildenden materiellen Privilegien und mit ständigem Ausbau materialer Demokratie. Eine solche Gesellschaft halten Sozialisten für möglich (auch unter Voraussetzung der irdischen Unvollkommenheiten) und für dringend nötig.«

Das ist die Definition eines Theologen, der die christliche Öffnung zur sozialistischen Bewegung hin vollzogen hat. Diese christlich-sozialistische Personalunion ist etwas Neues. Sie ist an die Stelle des früheren Dialoges zwischen Christen und Marxisten als Vertreter verschiedener weltanschaulicher Lager getreten.
Jan Milič Lochman, früher Professor in Prag, heute Professor für Systematische Theologie an der Universität

Basel, ist ein enger Freund Gollwitzers aus der Zeit
dieses Dialoges zwischen zwei gegensätzlichen Lagern.

Gollwitzer   Der bisherige Dialog von den fünfziger
Jahren bis Ende der sechziger Jahre schien manchen Leuten zum Gerede zu werden. Man hatte über weltan-
schauliche Fragen, Atheismus, Religion, Sinnfrage usw.
debattiert, aber die Aktion, die Praxis, der ganze politische Bereich kam dabei zu kurz. Außerdem waren die
einen Christen, aber keine Marxisten, die anderen waren
Marxisten, aber keine Christen. Dagegen gibt es heute
überall in der Welt – zum Erschrecken von manchen
Marxisten und manchen Christen – Christen, die gleichzeitig Marxisten sind, – in Lateinamerika, in Frank-
reich, in Italien, bei uns in Deutschland, überall. Und sie
sind an der Aktion, am politischen Leben interessiert,
nicht so sehr an der Regelung weltanschaulicher Probleme.

Lochman   Ich meine jedoch, das muß ich gleich sagen,
daß es da verschiedene Situationen gibt. Ich kann wirklich verstehen, daß in Lateinamerika diese direkte ge-
meinsame Aktion not tut. Ich bin aber zugleich über-
zeugt, daß in einer etablierten sozialistischen Gesellschaft, wie gerade im europäischen Osten, gerade das
Interesse an der Veränderung der Gesellschaft auch ein
Zueinanderkommen und einen Austausch von beiden
weltanschaulichen Seiten bedeutet, und zwar nicht nur
direkt über politische Fragen, sondern gerade auch über
jene auf den ersten Blick etwas abstrakten weltanschaulichen Fragen. Das gehört doch auch zum Sozialismus.

Gollwitzer   Zwischenfrage, die mir oft gestellt wird:
Kann ein Christ Marxist sein? Oder in welchem Sinn
kann ein Christ Marxist sein?

Lochman   Ich würde sagen, er kann ein höchst unkon-
ventioneller Marxist sein. Ich meine, nicht ein integraler

Marxist. »Integral« wäre einer, der einfach alles marxistisch Vorgegebene schluckt. Das ist nicht möglich, weil zum klassischen Marxismus auch zum Beispiel die These von der Freiheit des Menschen gehört, die darin besteht, daß es keinen Gott gibt.

Gollwitzer   Gut, also er kann nicht Marxist sein als Anhänger einer universalen und atheistischen Weltanschauung. Das fällt weg. Dialektischer Materialismus fällt in diesem Sinne weg, und Atheismus auch. Er kann nicht absolut einer Partei hörig sein, ein Christ muß immer ein kritischer Mensch sein, er muß sogar kritischer Lutheraner und kritischer Katholik sein; ebenso kritischer Marxist, der nicht einfach eine überlieferte Lehre mit Haut und Haaren schluckt. Aber warum hat uns eigentlich der christlich-marxistische Dialog als christliche Theologen theologisch so beschäftigt? Hier bin ich sehr am Arbeiten: Worin liegt für dich im Marxismus – also nicht nur im Sozialismus, sondern gerade im Marxismus als einer besonders präzisen und militanten Ausformung des Sozialismus – die Herausforderung an Theologen und Christen?

Lochman   Das ist natürlich auch ein Thema, das mich seit Jahren beschäftigt. Ich sage: zunächst einmal bedeutet für mich der Marxismus eine klare Herausforderung, mit jener tausend Jahre alten Tradition einer verbürgerlichten christlichen Existenz Schluß zu machen; verbürgerlicht meine ich nun nicht als Schimpfwort, sondern als eine Existenz, die sich nur in ihrem privaten Kreis, die sich vorwiegend im Individualismus bewegt.

Gollwitzer   Aber sagt denn das Neue Testament etwas über die Gesellschaft? Ist Jesus ein Revolutionär, ein politischer Mensch?

Lochman   Jesus ist bestimmt nicht revolutionär im dogmatischen Sinne, aber er ist derjenige, der eine neue

Ordnung verkörpert, die dann indirekt bestimmt auch gesellschaftskritische Konsequenzen hat.

Gollwitzer   Ich möchte es noch etwas schärfer sagen. Das Evangelium will unseren Einsatz auch für die Veränderung von gesellschaftlichen Strukturen; eine Veränderung zu einer viel besseren Gesellschaft, zu einer nicht-kapitalistischen, solidarischen Gesellschaft. Das Evangelium hat eine Tendenz auf den Sozialismus hin. Aber wie wir die Dinge schrittweise auf diese bessere Gesellschaft hin entwickeln, ist eine Frage der Vernunft, und insofern stellt uns das Evangelium nicht in den Dienst einer sozialistischen Partei. Es fragt uns vielmehr ständig bei unserem politischen Tun: Liegt das in der Richtung auf eine Alternative, zu einer besseren Gesellschaft?

Wer solches hört, wird sich – wie mancher Kollege Gollwitzers – fragen: Sind diese Aussagen lediglich die Konsequenz des christlich-marxistischen Dialoges, oder hat sich dieser Mann seit 1965 allzusehr auf die Problemstellung seiner sozialistisch orientierten Studenten eingelassen?

Gollwitzer   Ein lebendiger Dialog hat zur Folge, daß alle Teile verändert aus ihm hervorgehen. Ich habe von den Studenten oder diesen Wortführern der Studenten, diesen sehr qualifizierten Leuten wie Rudi Dutschke, Ekkehard Krippendorf, Bernd Rabehl, Jürgen Treulieb und einer ganzen Reihe anderer, mit denen ich im lebhaften Gespräch stand, vieles gelernt und erkannt, was ich bei vielen Kollegen und Zeitgenossen meiner Generation vermisse. Dinge, die sie noch gar nicht zur Kenntnis genommen und noch nicht durchgemacht haben. Die Jahre 1967, 1968, besonders bei uns in Berlin, aber doch auch in der Bundesrepublik, haben ja zum Bruch vieler Freundschaften geführt. Zum Nichtverstehenkönnen vieler früher eng verbundener Menschen. Man hat auf die Unruhen der Studenten, auf ihre Frechheit und Unmanierlichkeit, auf ihre Ausschreitungen, sehr verschieden reagiert. Die einen mit Empörung – das trieb sie dann auch im Denken nach rechts. Die anderen mit Bemühung um Verständnis und mit der Frage nach den Ursachen: Warum explodieren unsere Kinder auf einmal so? Warum werden sie uns so fremd? Warum beschmeißen sie unsere ganze Gesellschaft und alles, was wir aufgebaut haben, mit Dreck? Wenn man dann in einen Dialog mit ihnen eintrat, näherte oder entfernte man sich von den Älteren, jenachdem, ob die sehr persönliche Antenne positiv oder negativ auf die Studenten reagierte.

Gollwitzers politisches Lernen hat auch dazu geführt, daß er sich nicht mehr als der unangreifbare Ordinarius, als der »Inhaber eines Lehrstuhles« sieht. Er versteht sich lieber als ein »älterer Student« in einem Team von erwachsenen Menschen. Manche seiner Freunde und Schüler beschreiben ihn als einen nichtautoritären Patriarchen.

Nach Urberg bei St. Blasien, in eine vom Massentourismus noch nicht entdeckte Landschaft des südlichen Schwarzwalds, zieht sich Gollwitzer in Freisemestern und in den Ferien gerne zurück. Denn neben seinem gesellschaftlichen Engagement, seiner Urbanität und Weltläufigkeit ist Helmut Gollwitzer auch ein Mann der Besinnung, des ruhigen Studierens und der Meditation. Hier hat der Berliner Theologe sein letztes großes Buch »Krummes Holz – aufrechter Gang« fertiggestellt. Ein Buch, das sich die Frage nach dem Sinn des Lebens stellt: die Sinnfrage als die Frage nach Gott.

Herr Professor Gollwitzer, ich finde es eigentlich erstaunlich, daß ein Mann wie Sie, der sich so stark mit gesellschaftlicher Veränderung beschäftigt, daß dieser Mann sich die Sinnfrage des einzelnen so intensiv wie in diesem Buch gestellt hat. Wie sind Sie dazu gekommen?

Daß aus früheren Überlegungen und gesammeltem Material dann schließlich dieses Buch wurde, hängt auch mit der Studentenbewegung zusammen. Ich sah, wie die politische Energie zunächst bei einzelnen ihre persönlichen Probleme zurückdrängte, aber nicht löste. Also ging es mir darum: Über dem politischen Interesse an gesamtgesellschaftlichen Problemen darf der einzelne nicht zu kurz kommen. Das ist das eine. Darüber hinaus hat der einzelne mehr Fragen, als sie durch politisch-gesellschaftliche Veränderungen gelöst werden können. Und das Evangelium – darin stimme ich mit der traditionellen Evangeliumsauslegung überein – hat eine besondere Beziehung zu den individuellen Fragen des einzelnen Menschen.

Aber blockiert nicht eine zu starke Beschäftigung mit den Sinnfragen des einzelnen letztlich auch die Beschäftigung mit den gesellschaftlichen Fragen?

Das wäre nur dann der Fall, und ist oft so gewesen, wenn der einzelne meint, seine Lebensprobleme individuell, allein beantworten zu können. Aber was ich heute sage – das Evangelium zielt auf mehr als aufs Politisch-Gesellschaftliche –, hebt nicht auf, wie sich unsere Probleme jeweils stellen. Das ist immer gesellschaftlich vermittelt. Das gilt auch bei den Fragen, die sich der einzelne jeweils vorlegt, etwa wie wird man alt und wie stirbt man, wie wird man begraben und wie wird die Familie versorgt. Nur so werden die individuellen Probleme, die nicht gesellschaftlich gelöst werden können, deutlich.

In welche Richtung müßte man gehen, um individuelle Probleme und Sinnfragen zu lösen?

Meine These in diesem Buch ist: Die Sinnfrage wird uns in allen ihren Formen – warum Übel, warum Leid, Tod usw. – nicht einfach im Evangelium beantwortet, sondern die Antwort wird uns erst verheißen. Durch diese Verheißung können wir leben, ein Leben mit ungelösten Fragen. Mit ungelösten Fragen leben, das scheint mir eigentlich das Wichtigste zu sein. Daß der traditionelle Marxismus behauptet, diese Fragen würden alle gelöst, absterben, das finde ich eine der problematischsten Seiten des Marxismus.

Sinn ist wie das Leben, Gnade und Geschenk. Eine unbeweisbare, aber von Gollwitzer gelebte Grundstruktur. Für ihn, der in seiner Frau eine leidenschaftliche politische und theologische Mitstreiterin hat, steckt im Verlust der Frage nach dem Sinn des einzelnen Menschenlebens eine der Entartungsmöglichkeiten des Marxismus. Eine unmenschliche Verkürzung, die allerdings den Christen selbst zur Last fällt. Denn diese haben den sozialistischen Bemühungen allzulange die politische Bundesgenossenschaft vorenthalten. Sinngebung als Geschenk und aktiver politischer Kampf gegen die Sinnzerstörung gehören für Gollwitzer eng zusammen. Hören wir einen Ausschnitt aus einer Wahlkampfrede im November 1972:

Wir haben fast vergessen das grenzenlose proletarische Elend jener Zeiten. Mühsam mußte statt des Zwölf- bis Vierzehn-Stundentages der Acht-Stundentag erkämpft werden. Arbeits- und Unfallschutz in menschenfeindlichen Fabrikräumen, Arbeitslosenversicherung, Vollbeschäftigung, primitivste soziale Gerechtigkeit.

Helmut Gollwitzer füllt die Säle. Als Redner einer evangelischen Wählerinitiative zwingt er seine zumeist kirchlichen Zuhörer zum kritischen Nachdenken. Gollwitzer ist diesen Kreisen noch heute wegen seines erfolgreichen Rußland-Buches »Und führen wohin du nicht willst« in guter Erinnerung. Als politischer Kämpfer freilich ist der bekennende Theologe vielen ein Ärgernis.

Wir haben vergessen, mit welch zähen Kämpfen das einigermaßen durchgesetzt werden mußte. Und wo stand die gläubige Gemeinde damals? Hat der christliche Glaube sie zur Bundesgenossenschaft in diesem Kampf um soziale Gerechtigkeit und um ein friedliches Deutschland gebracht? Die überwiegende Mehrheit der praktizierenden Christen stand rechts davon, auf der Seite des Kaisers und seiner Generale und dann, wenigstens in den ersten Jahren des Dritten Reiches, auf der Seite Hitlers. Sie unterstützten diejenigen Kräfte, gegen die dieser Kampf geführt werden mußte. Das ist noch nicht so lange her, das wirkt heute noch nach, von daher die Neigung zu konservativen Positionen in unseren Gemeinden. Ich habe jetzt meistens vor kirchlichen Hörern gesprochen und fand: hier gibt es eine Politisierung der christlichen Bevölkerung, die ich sehr begrüße. In solchen Veranstaltungen wird gelernt, daß man die Einheit, die christliche Gemeinde nicht erhalten kann, indem man die politischen Fragen draußen läßt und damit das Evangelium für die Gesellschaft irrelevant macht, sondern nur so, daß man in den Gemeinden die politischen Konflikte wirklich austrägt und ausspricht und damit ein Beispiel gibt, wie man das auf eine demokratische und humane Weise machen kann.

Seine scharfe Kirchen- und Milieukritik hat Gollwitzer nie in die Versuchung gebracht, aus der Volkskirche auszutreten. Zwar empfindet er Sympathien für die Aussage des großen Protestanten Paul Tillich, der Geist sei aus der Kirche ausgewandert zum Proletariat hin. Zwar beklagt auch er – wie er sagt – die »dauernde Diskreditierung« des Evangeliums durch die kirchlichen Institutionen; aber von sich aus würde sich Gollwitzer nie von der institutionellen Kirche trennen.

Kann man als Christ anders als in einer empirischen christlichen Gruppe sein, in einer Aktionsgruppe? Man kann als Christ nicht allein sein. Warum aber soll man dann nicht mit dieser Aktionsgruppe in dieser großen Volkskirche sein? Warum soll man eigentlich austreten? Sie ist unser Arbeitsfeld, aus ihr ist noch etwas zu machen.

Wenn nicht nur politische Aspekte zu einer Verbindung von Christentum und Sozialismus führen, über die wir gesprochen haben, sondern – wie es mir in den letzten Jahren geht – jede Seite der Bibel eigentlich dorthin drängt, dann fühlt man sich in einem starken Gegensatz zum durchschnittlichen Milieu in der Kirche, die ein Traditionsbestand von viel Hergebrachtem ist, eine sehr zäh zu bewegende Volkskirche. Trotzdem bin ich nie versucht gewesen, aus der Kirche auszutreten. Ich predige jeden Monat, ich bin in Synoden tätig gewesen. Das ist mein Arbeitsfeld. Von dieser Kirche habe ich dieses Evangelium bekommen, von dem her ich – auch gegen die durchschnittliche Auffassung – in dieser Kirche meine Meinung geltend machen kann.

Aber werden Sie nicht nur als ein Aushängeschild benutzt, der Professor Gollwitzer, der so progressive Ideen vertritt?

Das soll mich, meine ich, nicht stören; denn auf der anderen Seite sieht man doch auch, wie sich in dieser scheinbar alten, oft scheinbar abgestorbenen Kirche vieles bewegt. Nicht nur ich, andere haben mit dem Evangelium ja die gleiche Erfahrung gemacht, so daß sie in einen Gegensatz zu der bestehenden Gesellschaft durchs Evangelium gekommen sind. Und es rührt sich überall, auch bei uns in unserem friedlichen Land und in unserer sehr traditionellen Kirche; es gibt Gruppen, die nach vorne drängen, und das macht Hoffnung.

Helmut Gollwitzer – Sozialismus im Christentum? Der Eindruck, hier werde die christliche Botschaft durch ein sozialistisches Engagement ersetzt, hat sich nicht bestätigt.

Der »christliche Sozialist« Gollwitzer bleibt ein Mann, dessen Glauben tief in der biblischen Hoffnung verankert ist. Es ist nur die andere Seite der gleichen Sache, die ihn so leidenschaftlich die sozialen Konsequenzen des Evangeliums betonen läßt.

Empfindsamkeit für Elend und Unrecht in der Welt und der entsprechende politische Kampf sind für Gollwitzer der unaufgebbare Ausdruck einer recht verstandenen biblischen Nachfolge.

NACHWEISE

Der Textfassung »Ich frage nach dem Sinn des Lebens« liegen die Aufzeichnungen der drei Studiosendungen zugrunde, die das NDR-Fernsehen (Sendereihe Glauben und Denken) und das Westdeutsche Fernsehen unter dem gleichen Titel produziert und im Winter 1973/74 ausgestrahlt haben. Redaktion: Wolfgang Lüning, NDR, und Gerhard Honal, WDR.

Der Vortrag »Veränderung im Diesseits« wurde am 4. März 1974 als Veranstaltung des Evangelischen Bildungswerkes München in der dortigen Matthäuskirche gehalten.

Dem Porträt »Sozialismus im Christentum? Zum Beispiel: Helmut Gollwitzer« liegt eine Dokumentation von Wolf-Rüdiger Schmidt zugrunde, die vom ZDF im Januar 1973 gesendet worden ist.

KAISER TRAKTATE – EINE TASCHENBUCHREIHE